Kohlhammer

Lange Leben leben | Altern gestalten

Wissen – Positionen – Impulse

Hrsg. von Hans-Werner Wahl, Hans Förstl, Ines Himmelsbach und Elisabeth Wacker

Eine Übersicht aller lieferbaren und im Buchhandel angekündigten Bände der Reihe finden Sie unter:

 https://shop.kohlhammer.de/lange-leben-leben

Der Autor

Hans Förstl, Prof. i. R., ist Arzt für Neurologie, Psychiatrie und Psychotherapie/Geriatrie, Technische Universität München.

Hans Förstl

Schlaf im Alter

Leistungen, Störungen, Lösungen

Verlag W. Kohlhammer

Dieses Werk einschließlich aller seiner Teile ist urheberrechtlich geschützt. Jede Verwendung außerhalb der engen Grenzen des Urheberrechts ist ohne Zustimmung des Verlags unzulässig und strafbar. Das gilt insbesondere für Vervielfältigungen, Übersetzungen und für die Einspeicherung und Verarbeitung in elektronischen Systemen. Pharmakologische Daten verändern sich ständig. Verlag und Autoren tragen dafür Sorge, dass alle gemachten Angaben dem derzeitigen Wissensstand entsprechen. Eine Haftung hierfür kann jedoch nicht übernommen werden. Es empfiehlt sich, die Angaben anhand des Beipackzettels und der entsprechenden Fachinformationen zu überprüfen. Aufgrund der Auswahl häufig angewendeter Arzneimittel besteht kein Anspruch auf Vollständigkeit.

Die Wiedergabe von Warenbezeichnungen, Handelsnamen und sonstigen Kennzeichen berechtigt nicht zu der Annahme, dass diese frei benutzt werden dürfen. Vielmehr kann es sich auch dann um eingetragene Warenzeichen oder sonstige geschützte Kennzeichen handeln, wenn sie nicht eigens als solche gekennzeichnet sind.

Es konnten nicht alle Rechtsinhaber von Abbildungen ermittelt werden. Sollte dem Verlag gegenüber der Nachweis der Rechtsinhaberschaft geführt werden, wird das branchenübliche Honorar nachträglich gezahlt.

Dieses Werk enthält Hinweise/Links zu externen Websites Dritter, auf deren Inhalt der Verlag keinen Einfluss hat und die der Haftung der jeweiligen Seitenanbieter oder -betreiber unterliegen. Zum Zeitpunkt der Verlinkung wurden die externen Websites auf mögliche Rechtsverstöße überprüft und dabei keine Rechtsverletzung festgestellt. Ohne konkrete Hinweise auf eine solche Rechtsverletzung ist eine permanente inhaltliche Kontrolle der verlinkten Seiten nicht zumutbar. Sollten jedoch Rechtsverletzungen bekannt werden, werden die betroffenen externen Links soweit möglich unverzüglich entfernt.

Abbildungen 1.2, 1.4, 1.5 und 2.4: Peter Palm

1. Auflage 2022

Alle Rechte vorbehalten
© W. Kohlhammer GmbH, Stuttgart
Gesamtherstellung: W. Kohlhammer GmbH, Stuttgart

Print:
ISBN 978-3-17-040386-4

E-Book-Formate:
pdf: ISBN 978-3-17-040387-1
epub: ISBN 978-3-17-040388-8

Inhalt

Einleitung		**7**
1	**Schlaf: Fakten und Funktionen**	**9**
1.1	Die subjektive Seite des Schlafes: Angaben – Vorstellungen – Träume	9
1.2	Die objektive Seite des Schlafes: Untersuchung – Schlafstadien – Veränderungen	20
1.3	Funktionen des Schlafes: 24-Stunden-Rhythmus – Gedächtnis – Reinigung	27
2	**Schlafstörungen und ihre Folgen**	**43**
2.1	Schlafstörungen im Alter: Falsche Zeiten – nächtliche Atemnot – Bewegungs- und Verhaltensstörungen	45
2.2	Schlafstörungen als Folge bestimmter Erkrankungen: Innere Organe – Nervensystem – Psyche	76
2.3	Folgen der Schlafstörungen: kurz-, mittel- und langfristig	97
3	**Vorbeugung und Behandlung**	**104**
3.1	Schlafhygiene: Guter Rat – Zeitgeber – Tag- und Nachtplan	105
3.2	Behandlungshinweise zu speziellen Schlafstörungen im höheren Alter – kurz und bündig	115

Inhalt

3.3 Behandlung bei besonderen Grund- und
     Begleiterkrankungen   124

Glossar   **125**

Literatur   **127**

Stichwortverzeichnis   **129**

Einleitung

Es ist wichtig, von Kindheit an gut zu schlafen, aber nie zu spät für einen Versuch, die wichtigsten Schlafstörungen zu behandeln. Dazu zählen im höheren Alter vor allem:

- die »Schlaflosigkeit« (Insomnie), hinter der sich oft Depression, Einsamkeit, falsche Erwartungen und schlechte Gewohnheiten verbergen;
- die nächtliche Atemstörung (Schlafapnoe), die lange unerkannt bleiben kann;
- die Schlafmittelabhängigkeit; und
- eine Reihe weiterer Krankheiten des Schlafs im engeren Sinn und Schlafstörungen als Folge körperlicher Erkrankungen.

Der Schlaf im Alter[1] und seine Störungen unterscheiden sich von den Problemen in Kindheit, Jugend- und Erwachsenenalter durch die weniger günstigen biologischen und sozialen Voraussetzungen und einen Hang zur Chronifizierung. Der wichtigste Unterschied besteht in der Häufigkeit und Schwere körperlicher und seelischer Grund- und Begleiterkrankungen.

Dieses Buch verwöhnt seine Leserinnen und Leser nicht (auf forciertes Gendern wird verzichtet, obwohl und vielleicht gerade weil ältere Frauen besonders häufig von Schlafstörungen betroffen sind). Bittere Wahrheiten über den Schlaf werden schonungslos vermittelt. Die schwerwiegenden Folgen der Schlafstörungen werden angesprochen, z. B. Depression, Demenz und gesteigerte Sterblichkeit. Das Thema der heilsamen Wirkungen der Schlafmittel

---

1 Zur Frage, was die Gerontologie, die Wissenschaft vom Alter und Altern, unter »Alter« versteht, vgl. Wahl et al., 2021.

Einleitung

wird nur am Rande erwähnt. Die Abschnitte sind ungleich und uneben, voller Wiederholungen und dennoch lückenhaft. Die Ausführungen sind wissenschaftlich auch nicht sauber und vollständig mit Referenzen versehen. Überhaupt ist immer wieder irritierend, an wie vielen Stellen der Text abbricht, wo tröstliche Details folgen könnten. Dafür wird kurz klargestellt, was die Betroffenen selbst ertragen und leisten müssen, so sie genesen wollen. Sobald es ein wenig schwieriger wird, folgt umgehend der Verweis an ärztliche Spezialisten oder Psychotherapeuten. Das wird damit begründet, dass gerade ältere Menschen

- wenig Zeit erübrigen, um sich mit umständlicher Schönschreiberei von echten Problemen ablenken zu lassen;
- vieles selbst unternehmen können und müssen, um schlechten Schlaf wieder zu verbessern;
- dennoch an manchen Stellen unbedingt fachliche Unterstützung benötigen.

Das Buch widme ich in großer Dankbarkeit allen Kollegen der Klinik und Poliklinik für Psychiatrie und Psychotherapie der Technischen Universität München, die bis zu meinem Ruhestand dafür gesorgt haben, dass ich gut schlafen konnte. Besonderer Dank gebührt auch Prof. Dr. Thomas Pollmächer und PD Dr. Dirk Schwerthöffer für die kritische Durchsicht des Manuskripts sowie Peter Palm (Berlin) für die Erstellung der Abbildungen 1.2, 1.4, 1.5 und 2.4.

Hans Förstl
Arzt für Neurologie, Psychiatrie und Psychotherapie/Geriatrie
Professor i.R.
München, Januar 2022

1

Schlaf: Fakten und Funktionen

1.1 Die subjektive Seite des Schlafes: Angaben – Vorstellungen – Träume

> Die Wachen haben alle eine gemeinsame Welt.
> Im Schlaf wendet sich jeder seiner eigenen zu.
> Heraklit aus Ephesos (um 540–480 v. Chr.)

Das gelingt aber nicht allen gleich gut und die eigenen Welten weichen wirklich stark voneinander ab. Im Durchschnitt jedoch verbringen die Menschen ein Drittel ihres Lebens im Schlaf und dies wird mit den Jahren kaum weniger, obwohl sich dann mancher wünscht, es wäre noch deutlich mehr. In diesem Buch werden einige Gründe genannt, weshalb es für die meisten weder viel weniger noch viel mehr sein sollte und dass dieses ungefähre Drittel meist ganz nützlich angewandt ist.

Der Schlaf gewinnt im Alter an subjektiver Bedeutung. Viele ältere Menschen sind der Ansicht oder haben die Erfahrung gemacht, dass guter Schlaf wichtig ist für Befinden, Lebensqualität, Leistungsfähigkeit und Gesundheit. Viele meinen, ihr Schlaf könnte und sollte besser sein. Ein erheblicher Anteil beschwert sich über zu wenig und zu schlechten, kaum erholsamen Schlaf. Die individuellen Unterschiede sind dabei sehr groß.

Ältere Frauen klagen deutlich mehr über schlechten Schlaf als ältere Männer (Ein- und Durchschlafstörungen, Früherwachen), während Männer objektiv länger benötigen, um einzuschlafen und insgesamt etwas kürzer schlafen. Vermutlich ist die Veranlagung, auch nachts Störungen lebhaft wahrzunehmen, der »Ammenschlaf«, ein Grund dafür, während Männer – auch wenn sie heftig schnarchen – eher zu der Auffassung neigen, das sei schon so in Ordnung.

Schlafen ist für die einen gar kein Problem, sondern eine selbstverständliche Nebensache; für andere die reine Freude nach den Anstrengungen des Tages; aber für wieder andere eine vorhersehbare Qual, das Bett als Kampfzone. Entsprechend unterschiedlich sind die Ansprüche und Angaben zu dem, was sich nachts vor, während, zwischen und nach dem Schlafen abspielt.

Verständlicherweise schielen die verbitterten Schlechtschläfer neidvoll auf die glücklichen Müden, die nachts einfach schlafen und sich am nächsten Morgen wie neugeboren fühlen, auf die, die sich bereits am Abend auf den nächsten Tag freuen und die Nacht nicht als kaum überwindbare Hürde, sondern als Erholung betrachten. Mit etwas weniger Eifersucht sind die modernen Menschen jeglichen Alters zu betrachten, die meinen, sie müssten so viel tun und erleben, dass sie kaum Zeit für den ereignisarmen Schlaf erübrigen. Da sie der Nacht so wenig abgewinnen konnten, werden sie auch wenig mit ihr anfangen können, sobald sie im Alter ins Straucheln kommen, Zeit für die Genesung aufwenden müs-

1.1 Die subjektive Seite des Schlafes: Angaben – Vorstellungen – Träume

sen, und ihre Selbstoptimierungsideen und -ansprüche vor allem nachts schwer umzusetzen sind.

Subjektive Angaben zur Schlafqualität

Die subjektiven Angaben entsprechen meist den persönlichen Erwartungen an den Schlaf, der eigenen Wahrnehmung und den bevorzugten Konversationsthemen im Selbstgespräch oder im Austausch mit anderen. Sie hängen durchaus auch mit dem zusammen, was sich in der Nacht zugetragen hat – aber nicht unbedingt sehr eng. Das betrifft sowohl die Überschätzung als auch die Unterschätzung von Schlafproblemen. Die subjektive Einschätzung bleibt aber von hoher Bedeutung, selbst wenn sie stark von objektiven Befunden abweicht, da die Symptome, die Beschwerden als solche die Betroffenen belasten.

Es ist nicht immer einfach zu beurteilen, was nachts als noch »normal« oder schon als »krankhaft« anzusehen ist. Bei erheblichem subjektivem Leiden muss also der Versuch unternommen werden, die Probleme mit dem Schlaf näher zu charakterisieren. Die folgenden Fragen (in Anlehnung an den Pittsburgh Sleep Quality Index, PSQI) können helfen, einen ersten Eindruck zu gewinnen (Buysse et al., 1989). Dabei werden zunächst die Schlafgewohnheiten und -schwierigkeiten angesprochen:

- Wann ging man in den letzten Monaten üblicherweise ins Bett?
- Wie viele Minuten hat es dann ungefähr bis zum Einschlafen gedauert?
- Wie oft hat es länger gedauert als eine halbe Stunde?
- Wann wird normalerweise aufgestanden?
- Wie viele Stunden betrug der Nachtschlaf während des letzten Monats?
- Wie oft wurde der Nachtschlaf unterbrochen?
- Gab es Albträume?

Die Antworten auf folgende Fragen können erste Hinweise auf mögliche Ursachen der Schlafstörungen liefern:

- Wie häufig wurde der Schlaf durch Toilettengänge unterbrochen?
- Wie häufig störten Schmerzen den Schlaf?
- Wie häufig war es nachts zu kalt oder zu warm?
- War der Schlaf von dem Gefühl beeinträchtigt, keine Luft zu bekommen?
- Wie häufig traten Husten oder lautes Schnarchen auf?

Nächtlicher Harndrang und Schmerzen, Atemstörungen mit oder ohne Schnarchen zählen zu den wichtigsten Ursachen der Schlafstörungen im Alter. Bei der Einordnung der Atemprobleme gewinnen die Angaben von Bettnachbarn zu Schnarchen, Häufigkeit und Dauer der Atempausen besondere Bedeutung. Wichtig ist auch der Hinweis, dass man seit einiger Zeit alleine schläft, da die Atemstörungen für andere zu beunruhigend oder akustisch unzumutbar sind. Die subjektive Einschätzung der Größe des Problems, der Folgen und des Umgangs damit sind zu klären:

- Wie ist die Schlafqualität insgesamt einzuordnen?
- Wie schwer fiel es im letzten Monat überhaupt, die täglichen Aufgaben zu erledigen?
- Wie mühevoll war es beim Autofahren, Essen oder bei Gesprächen, wach zu bleiben?
- Wie häufig wurden während des letzten Monats Schlaf- oder Beruhigungsmittel eingenommen, um schlafen zu können?

Eine wesentliche Veränderung im höheren Alter ist das Ausscheiden aus dem Berufsleben. Damit wäre endlich Zeit, es sich gut gehen zu lassen und der eigenen Gesundheit die rechte Aufmerksamkeit zu schenken, die eigenen Bedürfnisse wahrzunehmen, »Selbstaufmerksamkeit«, »Achtsamkeit« bis hin zum Yoga zu pflegen. Viele scheinen alles richtig zu machen, sobald die Befreiung

1.1 Die subjektive Seite des Schlafes: Angaben – Vorstellungen – Träume

von beruflichen Verpflichtungen eine eigenständige, den persönlichen Vorstellungen und Bedürfnissen entsprechende Gestaltung des 24-Stunden Tages erlaubt. In einer schwedischen Studie zeigte sich nach Renteneintritt im Mittel eine 26 Minuten spätere Einschlafzeit, ein 52 Minuten späteres Erwachen (Garefelt et al., 2021). Dies ergibt im Mittel ein vernünftiges Schlaf-Plus von 26 Minuten. Wie zu erwarten, waren die Veränderungen gegenüber dem Arbeitsleben wochentags am deutlichsten. Das »social jetlag«, die Diskrepanz zwischen der inneren Uhr und den sozialen, beruflichen Anforderungen, wurde bei Rentnern geringer.

Nicht alle gehen so vernünftig mit der neu gewonnenen Freiheit um wie der Durchschnitt schwedischer Rentner. Manche sind enttäuscht von der Erkenntnis, dass man im Laufe des Tages auch ermüden kann, ohne richtig gearbeitet zu haben. Einige bemerken sogar mit geschärfter Introspektionsfähigkeit und mehr Zeit, dem eigenen Innenleben bei einem späten Frühstück überhaupt Aufmerksamkeit zu schenken, eine morgendliche Mattigkeit, die wahrzunehmen im hektischen Berufsleben überhaupt nicht gelang. Und dann gibt es jene, die am Abend nicht sagen können, was sie im Lauf des Tages geleistet, gearbeitet haben und diese Gruppe zerfällt wiederum in zwei Subtypen. Gewohnheitsmäßige Leistungsträger, für die genug nie genug ist, und jene, die tendenziell der Faulheit (lat. acedia) zugeneigt sind, an denen nachts das schlechte Gewissen nagt: sie haben tatsächlich nicht genug getan, sie sind nicht rechtschaffen[2] müde und haben damit das Recht auf einen gesunden Schlaf verwirkt.

---

2 Die Einteilung der natürlichen Schlafstadien wurde seit 1968 nach Allan *Rechtschaffen* (geb. 1927 in der Bronx, Professor in Chicago) und Anthony Kales (geb. 1934 in Detroit) vorgenommen. Ein bloßer Zufall?

1 Schlaf: Fakten und Funktionen

Falsche Vorstellungen vom Schlaf

Nach Ansicht der Forschung (z. B. Robbins et al., 2019) gibt es eine Reihe ziemlich falscher und dabei auf ganz unterschiedliche Art unzutreffender Vorstellungen, die dem richtigen Umgang mit dem Schlaf in die Quere kommen. Einige dieser weit verbreiteten Mythen lauten z. B.:

- *Das Gehirn ist nachts nicht aktiv.*
  Nur der Tod ist durch das Ende der Hirnaktivität charakterisiert, nicht aber der Schlaf. Dabei handelt es sich um einen hochaktiven Zustand wie weiter unten erläutert wird (▶ Kap. 1.2, ▶ Kap. 1.3).
- *Gehirn und Körper können erfolgreich lernen, mit weniger Schlaf auszukommen.*
  Das kommt ganz darauf an, wie viel man schläft. Im Alter ist die zu lange Bett- und Schlafzeit über acht Stunden ein weit verbreitetes und auch schädliches Phänomen. Nur ganz wenige alte Menschen profitieren von so langem Schlaf. Im Allgemeinen sollte eine Schlafzeit von sechs Stunden nicht unterschritten werden und die meisten Menschen benötigen auch im Alter etwas mehr.
- *Mit geschlossenen Augen im Bett zu liegen ist fast so gut wie zu schlafen.*
  Ist es nicht. Viele ärgern sich dabei, manche können auch ihre schönen Tagträume genießen.
- *Was die Gesundheit betrifft, ist es ganz egal, wann am Tag oder in der Nacht man schläft.*
  Es gibt nicht nur Menschen, die mit eher wenig Schlaf auskommen und solche, die etwas mehr benötigen, sondern auch unterschiedliche »Chronotypen«. Die Frühaufsteher (Lerchen) zieht es nachts früher ins Bett, den Eulen liegt es mehr, den Tag später zu beginnen und am Abend länger aktiv zu bleiben. Die Kunst besteht im Berufsleben darin, den eigenen Biorhythmus mit den Anforderungen der Umwelt abzustimmen. Im Alter besteht

1.1 Die subjektive Seite des Schlafes: Angaben – Vorstellungen – Träume

die Kunst eher darin, den Rhythmus nicht aus dem Ruder laufen zu lassen. Es ist keineswegs egal, wann man schläft. Der Biorhythmus verdient im Alter noch mehr Pflege als in jüngeren Jahren.

- *Die Fähigkeit, immer und überall einzuschlafen, ist ein Zeichen guter Gesundheit*

...oder eines ausgeprägten Schlafmangels, einer besonderen Schlafstörung (Narkolepsie), einer schweren körperlichen Erkrankung oder von Alkoholismus und Tablettenmissbrauch.

- *Wenn man Schwierigkeiten mit dem Einschlafen hat, ist es am besten, liegen zu bleiben, um dann doch einzuschlafen.*

Das Gegenteil ist meist der Fall (▶ Kap. 3.1).

- *Es mag lästig für die anderen sein, aber lautes Schnarchen ist meistens harmlos.*

Nein, die nächtlichen Atemstörungen werden oft nicht oder erst sehr spät erkannt und gehören zu den gefährlichsten Schlafstörungen im Alter.

- *Alkohol vor dem Zubettgehen verbessert den Schlaf.*

Richtig ist, dass Menschen, die Alkohol vertragen und daran gewöhnt sind, damit schneller einschlafen. Richtig (und viel wichtiger) ist aber auch, dass damit eine Reihe von Schlafstörungen, vor allem die Atemstörungen, deutlich verschlimmert und das erholsame Durchschlafen gefährdet werden.

- *Je älter man wird, desto weniger Schlaf wird benötigt.*

Das ist nicht ganz falsch, aber die Veränderungen sind nicht so erheblich wie oftmals angenommen.

- *Ein gesunder Schläfer bewegt sich nachts nicht.*

Ein Patient mit einer ausgeprägten Parkinson-Erkrankung, mit einer schweren Alkohol- oder Tablettenintoxikation bewegt sich nachts nicht.

- *Man schläft besser, wenn das Schlafzimmer eher wärmer als kälter ist.*

Das ist individuell unterschiedlich. Den meisten auch älteren Menschen bekommt eine Temperatur deutlich unter 20 Grad Celsius am besten.

1 Schlaf: Fakten und Funktionen

- *Erst einmal auf den Schlummerschalter zu drücken ist besser als gleich aufzustehen, wenn der Wecker klingelt.*
  Wer schon Probleme mit dem Schlafen hat, verbessert durch pünktliches Aufstehen seine Chancen für die nächste Nacht.
- *Fernsehen ist eine gute Methode, um vor dem Einschlafen zu entspannen.*
  Das kann bei einigen Menschen gut funktionieren, vor allem bei öden Sendungen im Privatfernsehen.
- *Eine durchwachte Nacht hat anhaltende Auswirkungen auf die Gesundheit.*
  Wenn man dadurch am nächsten Tag einen Unfall verschuldet, durchaus. Diese Auffassung ist nicht ganz falsch, aber im Allgemeinen können die Defizite mit einigen guten Nächten weitgehend kompensiert werden.
- *Je mehr Schlaf, desto besser.*
  Nein, definitiv nicht. Zu viel Schlaf verstimmt, schwächt und gefährdet im Extremfall die Gesundheit (Lungenembolie!).
- *Sportliche Betätigung am Abend (innerhalb der letzten vier Stunden vor dem Zubettgehen) stört den Schlaf.*
  Dies ist tatsächlich oft der Fall. Aber auch hier kommt es darauf an, wie man seine Kräfte einteilt. Gegen einen flotten Abendspaziergang an frischer Luft zwei Stunden vor dem Zubettgehen ist nichts einzuwenden, gegen maximales Ausdauertraining im Fitnessraum schon.
- *Wenn man Probleme mit dem Schlafen hat, bringt einem der Mittagsschlaf den rechten Ausgleich.*
  Das mag dem Gerechtigkeitsempfinden der nachts zu kurz Gekommenen entsprechen und sogar unmittelbar einen gewissen Erholungseffekt mit sich bringen, der jedoch in die Gesamtbilanz eingeht und damit auf Kosten des Nachtschlafes erfolgt.
- *Es ist ein Zeichen schlechten Schlafes, wenn man mitten in der Nacht aufwacht.*
  Eher ein Zeichen dafür, dass man zu früh ins Bett gegangen ist, davor vielleicht zu viel getrunken hat usw.

1.1 Die subjektive Seite des Schlafes: Angaben – Vorstellungen – Träume

◆ Es ist beruhigend und verbessert die Schlafqualität, wenn man mit einem Haustier im Raum schläft.

Meiner persönlichen Meinung nach durchaus, aber die tut hier wenig zur Sache. Die Empfehlung gilt keineswegs für Hundephobiker und Katzenallergiker. Vor der Beschaffung eines Haustiers wäre die eigene Tierliebe zu prüfen, gegebenenfalls die eigene Mobilität und der Tag-Nacht-Rhythmus der in Betracht gezogenen Spezies. Von nachtaktiven Hamstern und Chinchillas, die tagsüber ihre Ruhe brauchen, wäre abzuraten.

◆ Es zeugt von gutem Schlaf, wenn man sich an seine Träume erinnert.

Nein. Es ist zwar schön, wenn man sich an angenehme Träume erinnert. Albträume möchte man sowieso lieber vergessen. Wenn man sich neuerdings an immer mehr Träume erinnert, kann dies ein Hinweis darauf sein, dass man anfängt, länger zu schlafen als nötig, da die »REM-Phasen« (▶ Kap. 1.2) mit dem typischen Traumschlaf in den Morgenstunden vor dem Aufwachen zunehmen.

Träume

Träume sind ein schmückendes Beiwerk, an das man sich manchmal erinnert und wovon man dann auch verwundert erzählen kann. Studien haben gezeigt, dass von aktuelleren Erlebnissen vor allem nach dem Einschlafen geträumt wird, Altes und sehr Emotionales bevorzugt vor dem Aufwachen auftaucht. Dabei werden grundsätzlich häufiger Ereignisse vor dem dreißigsten Lebensjahr und dann wieder aus den allerletzten Jahren zum Traumthema, nicht aber die Zeit dazwischen hervorgeholt (reminiscence bump); diese Lücke nimmt im höheren Alter noch zu. Ältere Menschen erinnern sich insgesamt weniger an Träume – auch ohne dement zu sein – und berichten seltener von Albträumen. Sofern ältere Menschen nicht an Angsterkrankungen leiden, sind die Träume häufiger positiv gefärbt als früher. Träume wären also ein Grund mehr, sich auf den Schlaf zu freuen.[3]

1 Schlaf: Fakten und Funktionen

Vielleicht sollte man sich vorab kurz klar machen, dass Erinnern und Erzählen an bestimmte Funktionszustände unseres menschlichen Gehirns gebunden sind. Wenn sich die Hirnfunktion im Laufe der Nacht ganz fundamental verändert, geschieht im Gehirn ganz viel und einiges davon wird mit Sicherheit auch momentan irgendwie (»bewusst«) wahrgenommen, ist aber derart anders, dass es zu wenig mit der Funktionsweise des wachen Gehirns zu tun hat, um übersetzt, erinnert und erzählt zu werden.[4]

Aber von einigen Träumen kann man erzählen, wenngleich das, was berichtet wird, wenig repräsentativ für alle ist, sind doch Träumer und Erzähler sehr unterschiedlich begabt. Um einen Inhalt über Häufigkeit und Einstellungen zu Träumen zu erhalten, stehen Erhebungsbögen zur Verfügung (Schredl et al., 2014). Dabei wird unter anderem gefragt nach

- der Häufigkeit von Träumen im letzten Monat;
- der Intensität;
- den Gefühlen und der Stimmung dabei;
- nach der Häufigkeit von Albträumen, der Belastung, dem Wiederkehren einer real erlebten Situation dabei und nach
- Albträumen in der Kindheit.

---

3 Johann Wolfgang von Goethe (1749–1832), Egmont: »Süßer Schlaf! Du kommst wie reines Glück ungebeten, unerfleht am willigsten. Du lösest die Knoten der strengen Gedanken, vermischest alle Bilder der Freude und der Schmerzen, ungehindert fließt der Kreis innerer Harmonien, und eingehüllt in gefälligen Wahnsinn versinken wir und hören auf zu sein.«
4 Auch Plankton schläft und taucht mittels Melatonin tiefer in den dunklen Ozean. Vielleicht sind diese gemeinsamen Mechanismen und Empfindungen von Mensch und Plankton zu tiefgründig, zu ozeanisch, zu existentiell, zu dunkel, um sie am Tag noch zu begreifen und in gewöhnliche Worte zu fassen.

1.1 Die subjektive Seite des Schlafes: Angaben – Vorstellungen – Träume

Von einigem Interesse ist

- die Einstellung der Träumer, die subjektive Bedeutung der Träume;
- das generelle Interesse am Thema Traum;
- ob Träume für allgemein interessant oder irgendwie sinnvoll gehalten werden;
- ob sie verborgene tiefere Erkenntnisse z. B. eigener Probleme vermitteln, eine bessere Selbsterkenntnis, wichtige Hinweise für das eigene Leben, Lösungen und kreative Ideen und
- ob sie Einfluss auf das Verhalten am Folgetag haben.

Das Gehirn ist eigentlich darauf geeicht, am Tag die Umwelt offenen Auges einigermaßen gezielt und geordnet wahrzunehmen, ohne das Innenleben ganz zu übersehen. Im Wachzustand (»online«) wird der Bewusstseinsstrom von aktuellen, äußeren Ereignissen mitbestimmt. Nachts sind die Pforten der Wahrnehmung nach draußen weitgehend geschlossen (Ausnahme Gehör) und das Gehirn kann kaum anders, als »off-line« das Herumschwappen der eigenen, inneren Erregungen wahrzunehmen. Von der Traumdeutung im pharaonischen Ägypten bis zur Sinnsuche im Wiener Fin de Siècle wurde den nächtlichen Eindrücken tiefere Bedeutung unterlegt. Nach Sigmund Freud ist der Traum ein Hüter des Schlafes, der aber die geheimen Wünsche des Träumers symbolhaft ausdrückt und psychotherapeutisch entsprechend aufgegriffen werden kann. Eher modern und neurobiologisch ausgerichtete Forscher sind der Ansicht, es handle sich bei diesen, aus dem Hirnstamm hochgespülten Eindrücken zunächst um ein Zufallsprodukt, auf den Teile des Großhirns versuchten, sich irgendeinen Reim zu machen. Dabei könnten allerdings kreative Ideen entstehen. Nächtliche Trockenübungen im Erkennen potentieller Gefahren und im Entwickeln von Bewältigungsversuchen sichern Überlebensvorteile in der Wildnis und in den komplizierten sozialen Beziehungen der modernen Welt. Hierin sind sich Evolutionspsychologen und Neurobiologen recht einig. Das wiederholte Durchspielen ähnlicher Abläufe kann die personale Identität stärken, was angesichts einer sich ständig verändernden Außenwelt und einer fortlaufenden Reprogrammierung des Zentralnervensystems vorteilhaft scheint. Auch werden Träumen emotional-adaptive Funktionen zugeschrieben, indem Stimmung und Verhalten dadurch geprägt werden. Insgesamt bestehen wenig grundsätzliche Zweifel am Einfluss realer Erlebnisse auf die Träume und auch an Auswirkungen von Träumen auf unser Leben sowie an der Beteiligung von Träumen an Lernprozessen (► Kap. 1.3).

1.2 Die objektive Seite des Schlafes: Untersuchung – Schlafstadien – Veränderungen

Auch die in Schlaf getauchte Seele arbeitet schwer und Hilft, etwas aus der Welt zu machen.
Heraklit aus Ephesos (um 540–480 v. Chr.)

Die Grundsatzfrage, was Schlaf überhaupt sei, ist Spezies-übergreifend, also für den Menschen und verwandte Lebewesen, gar nicht so einfach zu beantworten. Gemeinsame Eigenschaften sind etwa ruhige Haltung, geringe Muskelanspannung (entsprechend der Herkunft des Wortes »Schlaf«, nämlich schlaff, schlapp werden), reduzierter Puls, Atmung und niedrigere Körpertemperatur, bestimmte Körperposition, bevorzugte Orte (z. B. Bett), stereotype Vorbereitung, verzögerte Reaktionsfähigkeit, erhaltene Weckbarkeit (im Gegensatz zu Narkose und Winterschlaf). Dazu kommt eine Reihe charakteristischer Veränderungen der Hirn- und Herzfunktion, die sich mit apparativen Untersuchungen nachweisen lassen.

1.2 Die objektive Seite des Schlafes

Untersuchung

Beim Menschen sollte keine bloße Vermessung des Schlafverhaltens vorgenommen werden, ohne zunächst die subjektiven Beschwerden aufzugreifen. Zur systematischen Schlafdiagnostik gehören also (nicht unbedingt bei jedem Patienten):

- *Anamnese* (Krankengeschichte) oft in Form eines strukturierten Interviews und mit Fragebögen (▶ Kap. 1.1);
- *Protokoll*, Schlaftage-, -nachtbuch;
- *Neuropsychologische Leistungstests:* Daueraufmerksamkeit, Reaktionszeit, Fahreignung;
- *Laboruntersuchungen (klinische Chemie*): Routinelabor ergänzt durch Spezialuntersuchungen bei speziellem Verdacht;
- *Multipler Schlaflatenztest (MSLT):* An fünf festgelegten Zeiten wird in einem licht- und schalldichten Raum untersucht, ob der Proband innerhalb von 20 min einschlafen kann. Dabei wird die Dauer bis zum ersten versuchten Einschlafen erfasst und die Zeit bis zum Auftreten der ersten REM-Phase (Schlafphase mit schnellen Augenbewegungen, Rapid Eye Movement). Diese Zeiten sind bei manchen Formen der Hypersomnie (▶ Kap. 2.1) verkürzt;
- *Wachbleibetest (maintenance of wakefulness test):* Der Proband versucht an vier festgelegten Zeitpunkten, jeweils über 40 Minuten in einem licht- und schalldichten Raum bequem, entspannt und untätig auf einem Bett liegend oder in einem Sessel sitzend wach zu bleiben. Gemessen wird die Zeit bis zum unfreiwilligen Einschlafen, der einen Eindruck von der Fähigkeit gibt, sich wach zu halten (Vigilanz);
- *Aktigraphie*, die Bewegungsmessung, die heute auch mit Handy-Apps durchgeführt werden kann (und dabei nicht selten zu einer differenzierteren Entwicklung weiterer, insbesondere neurotischer Beschwerden beiträgt);
- *Polysomnographie* (PSG) mit Ableitung elektrischer Signale: Hirnstromkurve (Elektroenzephalographie, EEG), Registrierung der

1 Schlaf: Fakten und Funktionen

Augenbewegungen (Elektrookulographie, EOG), der Muskelbewegungen (Elektromyographie, EMG), Bewegungen von Brust und Bauch, Herzstromkurve (Elektrokardiogramm, EKG), Puls, Blutdruck, Luftstrom durch die Nase, Sauerstoffsättigung, Temperatur und Videoaufzeichnung;
* *Bildgebung*: Darstellung der Hirnstruktur mit kranialer Computertomographie (CT) oder Magnetresonanztomographie (MRT) oder der Hirnfunktion mit funktioneller Magnetresonanztomographie (fMRT) und Positronenemissionstomographie (PET) bei Verdacht auf spezifische Hirnerkrankungen.

Schlafstadien

Es war schon eine Überraschung, als nach der ersten Beschreibung der Hirnstromkurve (EEG) durch Hans Berger erstmals auffiel, dass das Gehirn auch in der Nacht eine lebhafte Aktivität zeigt, die offensichtlich mehrere voneinander abgrenzbare Phasen aufweist (▶ Tab. 1.1). Von einer vergleichsweise schnellen und niedergespannten Aktivität (alpha- und beta-Wellen) im aufmerksamen Wachzustand verlangsamt sich das EEG bei Ermüdung, wobei vermehrt langsamere theta-Wellen eingelagert sind und seltsame Zacken auftauchen. Im leichten Schlaf steigt der Anteil langsamer Wellen und bestimmte steile und schnellere Abläufe sind eingestreut, bis das Kurvenbild im Tiefschlaf von langsamen delta-Wellen bestimmt wird. Nach der ersten tiefsten Tiefschlafphase tritt eine kurze Periode mit schneller EEG-Aktivität und schnellen Augenbewegungen auf (Rapid-Eye-Movements, REM-Phase, paradoxer Schlaf). Viele Patienten, die aus dieser Phase geweckt werden, können berichten, dass sie gerade geträumt haben. Normalerweise wird in dieser Phase nichts bewegt außer den Augen hinter geschlossenen Lidern.[5] Nach diesem ersten Zyklus aus Tiefschlaf und

---

[5] Endlich Freiheit für die Augen, die den ganzen Tag gezwungen werden, streng auf irgendwelche Sachen zu schauen, am schlimmsten beim Lesen:

1.2 Die objektive Seite des Schlafes

REM-Phase verlangsamt sich das EEG erneut und es folgt eine zweite, meist etwas weniger ausgeprägte Tiefschlafphase. Diese Zyklen aus Tief- und REM-Schlaf wiederholen sich im ungestörten Schlaf junger Erwachsener vor dem morgendlichen Erwachen vier bis sechs Mal. In der ersten Hälfte des Schlafes dominiert der Tiefschlaf, in der zweiten nehmen die REM-Phasen zu.

Tab. 1.1: Die Einteilung der Schlafstadien anhand von Merkmalen der Hirnstromkurve (Elektroenzephalographie, EEG) im Wachen und Schlafen

Wachen und Schlafstadium	Frequenzbereich und Bezeichnung
W (0) Wachzustand	vor allem alpha-Aktivität mit 8–12 Hertz und beta-Aktivität über 12 Hertz
N1 (1) Einschlafen	verminderte alpha-Aktivität; theta-Anteil mehr als 50 %, Vertexzacken; langsame Augenbewegungen von 0,3–0,8 pro Sekunde
N2 (2) leichter Schlaf	theta-Anteil mehr als 50 %; delta-Wellen bis zu 20 %; Vertexzacken, Schlafspindeln, K-Komplexe; 50 % einer normalen Nacht
N3 (3 und 4) Tiefschlaf	langsame Delta-Wellen mehr als 20 %; im tiefen Schlaf größere Synchronizität einer hochgespannten Delta-Aktivität
REM (R) »Traumschlaf«	schnelle Augenbewegungen (Rapid Eye Movements) mit 1–2,5 pro Sekunde bei ansonsten normalerweise entspannter Muskulatur; spannungsarme unregelmäßige alpha-Aktivität mit 5,5–8 Wellen pro Sekunde; »Sägezahnwellen« über dem Hinterhaupt
Weckreaktion	zunehmend eingestreute alpha-Aktivität von 3–15 Sekunden; Anstieg von Blutdruck, Puls und Atemfrequenz

Die modernere Einteilung in N1, N2 und N3 entspricht weitgehend der ursprünglichen Einteilung von Rechtschaffen und Kales, nach der N3 noch in weniger oder mehr ausgeprägten Tiefschlaf mit noch langsameren Wellen eingeteilt wird; Stadien nach Rechtschaffen und Kales in Klammern

---

Zeile um Zeile gezielt nach links schießen und dann immer wieder nach rechts marschieren!

1 Schlaf: Fakten und Funktionen

Die Schlafphasen N1 bis N3 werden auch als Non-REM-Schlaf bezeichnet. Die Aktivität in vielen Teilen der Hirnrinde und Basalganglien nimmt im Tiefschlaf ab, während der Hirnstamm weiter arbeitet. In den REM-Phasen steigt die Aktivität im Hippokampus, basalen Vorderhirn, Sehrinde und vielen subkortikalen Kerngebieten, die mit der Verarbeitung und Speicherung neuer Information zu tun haben. Dabei ist der Präfrontalkortex, der ansonsten mit der Steuerung unseres Denkens und Planens zu tun hat, abgekoppelt und inaktiv.

Veränderungen

Die Veränderungen des Schlafes im Alter sind bei gesunden Menschen bis zum 80. Lebensjahr im Durchschnitt geringfügig (▶ Abb. 1.1).

Die Gesamtschlafzeit geht mit den Jahren etwas zurück bei einer Schlafdauer von insgesamt dennoch sechs bis acht Stunden. Die langsamen Wellen im Tiefschlaf (N2 und N3) nehmen im Alter ab und die etwa 90-minütigen Schlafzyklen werden weniger stabil. Der Schlaf wird häufiger unterbrochen (fragmentiert). Wachphasen können sogar bis zu mehreren Stunden betragen[6]. Damit wird die Schlafeffizienz geringer. Periodische Bewegungen werden etwas häufiger beobachtet. Das stört alles nicht so sehr, bis man anfängt, sich darüber aufzuregen. In Abbildung 1.2 werden deutlich ausgeprägte Schlafveränderungen des höheren Alters mit den regelmäßigen Schlafzyklen eines jungen Erwachsenen verglichen (▶ Abb. 1.2).

---

6 Dazu Charles M. Schulz (1922–2000), Vater der Peanuts, z. B. von Charlie Brown: »Was für ein Glück aufzuwachen und festzustellen, dass man noch vier Stunden schlafen darf.«

1.2 Die objektive Seite des Schlafes

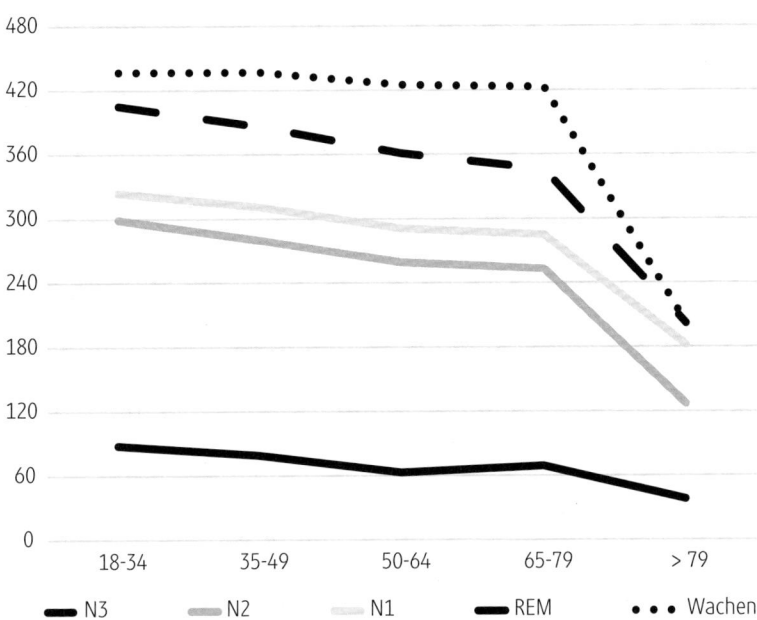

Abb. 1.1: Veränderungen der Schlafstadien mit dem Alter (x-Achse Altersstufen; y-Achse Zeit in Minuten; vgl. Boulos et al., 2019)

1 Schlaf: Fakten und Funktionen

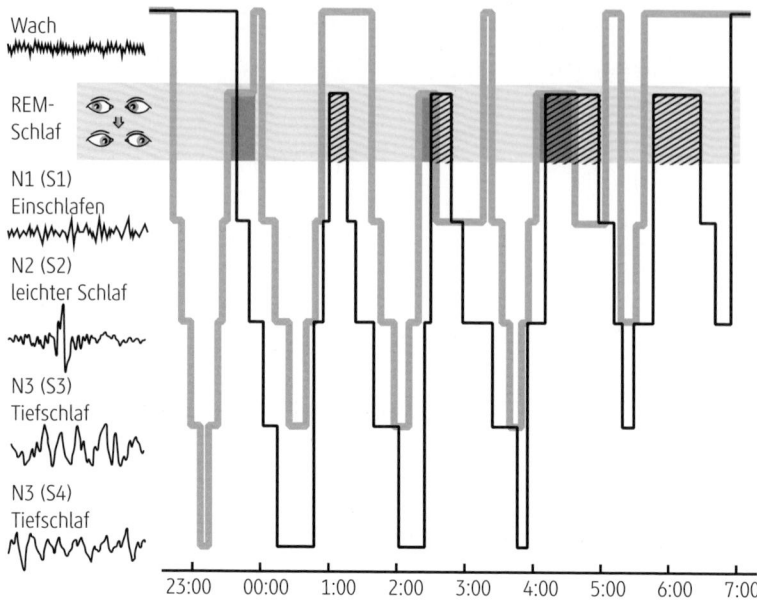

Abb. 1.2: Nachtschlaf bei Jung und Alt (© Peter Palm)
Junge Erwachsene (schwarz) gehen ins Bett, wenn sie müde sind und erreichen pro Nacht vier und mehr Schlafzyklen vom Tiefschlaf bis zum REM-Schlaf und zurück. Menschen im höheren Alter suchen das Bett häufig noch früher auf als im Bild gezeigt, benötigen aber damit oft noch länger, um einzuschlafen, können auch Tiefschlafphasen erreichen, wachen aber häufiger auf als junge Menschen. Nicht immer werden diese Verzögerung beim Einschlafen, das wiederholte Erwachen und das morgendliche Frühwachen ganz negativ bewertet. Unter der Bezeichnung der Schlafstadien finden sich am linken Bildrand typische EEG-Ausschnitte (▶ Tab. 1.1).

1.3 Funktionen des Schlafes: 24-Stunden-Rhythmus – Gedächtnis – Reinigung

> *Der Schlaf ist für den ganzen Menschen wie das Aufziehen einer Uhr.*
> Arthur Schopenhauer (1788–1860)

Die moderne Schlafforschung dringt immer weiter in die Geheimnisse des Nachtschlafes und seiner zugrunde liegenden Mechanismen ein. Damit versteht man immer besser, was man alles nicht weiß. Angesichts dieser forschungstypischen Sachlage ist es am ehrlichsten, auf sichtlich vereinfachte Modelle zurückzugreifen.

24 24-Stunden-Rhythmus

Ein Klassiker ist die Skizze über den Zusammenhang von zirkadianem Rhythmus und Schlafdruck (▶ Abb. 1.3). Der Mechanismus hinter dem tagsüber wachsenden Schlafdruck wird auch als »homöostatischer Prozess« bezeichnet, der für den Ausgleich von Anstrengung und Erholung sorgt.[7]

Bei älteren Menschen nehmen die Kraft und Zuverlässigkeit dieser Regulationsmechanismen ab. Weder die Stärke der inneren Uhr noch die Rückmeldungen über geistige und körperliche Ermüdung sind so klar definiert und spürbar wie in jüngeren Jahren, vor allem wenn die Tagesrhythmik ausleiert und Krankheiten ihren Tribut fordern. Sowohl der Tiefschlaf als auch der REM-Schlaf sind häufig vermindert. Dafür wachen ältere Menschen morgens

---

7 René Descartes (1596–1650) dachte 1632, dass die Lebensgeister (spiritus animales) tagsüber über die Zirbeldrüse die seitlichen Hirnkammern (Ventrikel) füllten und wenn sie am Abend nachließen, trete mit dem Einfalten der Ventrikel der Schlaf ein. Nach aktueller Auffassung erfüllen Zirbeldrüse, Liquor und Hirnkammern andere Aufgaben (s. u.).

1 Schlaf: Fakten und Funktionen

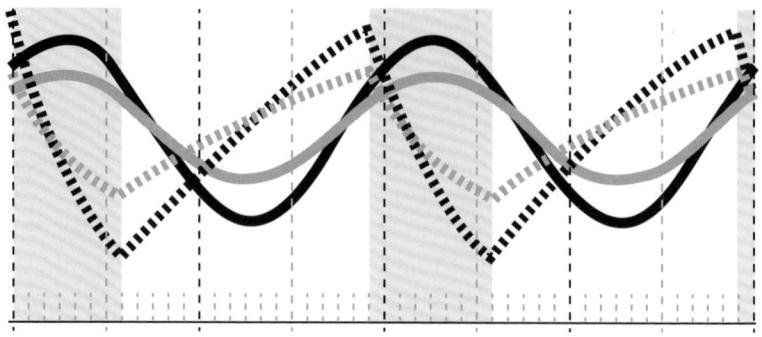

Abb. 1.3: Schlaf-Wach-Regulation
Die Bilanz aus Müdigkeit und zirkadianem Rhythmus entscheidet über Einschlafen und Aufwachen. Bei wachsendem Schlafdruck (gepunktet) hält in den Abendstunden der zirkadiane Rhythmus (schwarze Linie) so lange dagegen, bis auch die innere Uhr Ruhebereitschaft signalisiert (graue Balken = Schlaf). Im Alter sind zirkadiane Rhythmik und Schlafdruck abgeflacht und leichter störbar (graue Linien; nach Borbely et al., 1999).

früher auf und nicken tagsüber häufiger ein. Wird kein fester und vernünftiger Tag-Nacht-Rhythmus mit geeigneter Schlafhygiene eingehalten, sondern die Aktivitäts- und Ruhezeiten aufgrund äußerer Anforderungen oder eigener Gleichgültigkeit verschoben, so reagieren ältere Menschen empfindlicher und benötigen länger, um ihren Rhythmus wieder zu finden.

Schlaf-Wach-Regulation. In den meisten Körperzellen tickt eine Uhr zur Regulation der Leistungen über den Tag und die Nacht. Dabei gibt es übergeordnete Instanzen und Signale zur Koordination der einzelnen Einheiten. Im Zentralnervensystem sitzt die oberste, körpereigene Kontrolleinheit, um die Funktionen im gesamten Organismus dem Bedarf entsprechend aufeinander abzustimmen. Sie arbeitet einerseits nach ihrem eigenen zirkadianen Rhythmus. Er heißt »circadian«, weil er wie der Zeiger einer Uhr um den 24 Stunden Tag (lat.»dies«) herum kreist (lat.»circulus«,

1.3 Funktionen des Schlafes: 24-Stunden-Rhythmus – Gedächtnis – Reinigung

Kreis) – und er heißt auch zurecht »zirka«-dian, da er nur ungefähr in 24-Stunden einmal kreist. Bei den meisten Menschen schwingt die innere Uhr im 25-Stunden Rhythmus oder noch langsamer, bei wenigen schneller. Das bedeutet auch, dass dieser innere, endogene Rhythmus andererseits durch Informationen aus der Umwelt auf den 24-Stunden-Tag getrimmt werden muss. Dazu zählen unter anderem physikalische (Licht, Wecker, Frühstück) und soziale Zeitgeber (gemeinsames Frühstück, Kontakte, Bewegung hin zu einem vereinbarten Treffen usw.). Signale aus Radio, Fernsehen und anderen Medien befinden sich in einem Grenzbereich von physikalischem und gesellschaftlich relevantem Informationsaustausch. Bei alten Menschen fehlen häufig die der Tageszeit entsprechenden stimulierenden und ermüdenden Einflüsse. Der evolutionär verankerte, tief in unserem Gehirn fest verwurzelte, stärkste Zeitgeber ist das richtige Tageslicht, das über Auge, Netzhaut und Sehnerv auf dem kürzest möglichen Weg in die Leitstelle des Nukleus suprachiasmaticus (dem Nervenzellkern über der Kreuzung der Sehnerven), des Kernes über der Sehbahn geleitet wird (▶ Abb. 1.4). Im N. suprachiasmaticus werden die betriebseigenen molekularen Uhren (namens Clock, bmal1 usw.) synchronisiert, welche die Informationen an die peripheren Zellen weitergeben. Eine wichtige Verbindung besteht zur Zirbeldrüse (Epiphyse): Bei Tageslicht hemmt der N. suprachiasmaticus die Melatonin-Sekretion in der Epiphyse. Dieses Schlafhormon wird erst bei einsetzender Dunkelheit freigesetzt. Blinde Menschen haben besondere Schwierigkeiten bei der Anpassung ihres inneren Schlaf-Wach-Rhythmus mit den physikalischen und sozialen Umgebungsanforderungen. Bei sehenden Menschen kann dauernde Dunkelheit den Schlaf-Wach-Rhythmus genauso stören wie Dauerlicht (z. B. auf Intensivstationen).

Neben den Informationen von außen, die den inneren zirkadianen Rhythmus mit dem 24-Stunden-Rhythmus der Umwelt synchronisieren, sammelt die zentrale Instanz auch Informationen über Leistung und Ermüdung der Körperorgane. Diese Informationen entsprechen nicht genau der tatsächlich abgelieferten Leis-

1 Schlaf: Fakten und Funktionen

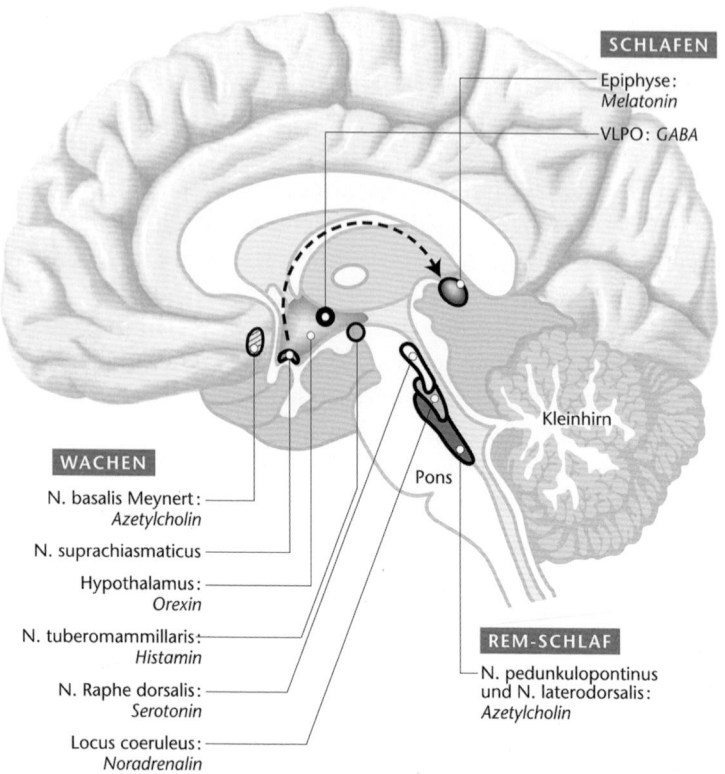

Abb. 1.4: Kerngebiete des Hirnstamms und die Schlaf-Wach-Regulation (© Peter Palm)
Vereinfacht dargestellt sind die anatomischen Strukturen mit den Botenstoffen, die vor allem für Wachen, Tiefschlaf und den REM-Schlaf zuständig sind. Die Kompliziertheit der griechisch-lateinischen Begriffe gibt nur einen oberflächlichen Eindruck von der wahren Komplexität der Natur (Epiphyse = Zirbeldrüse; GABA = gamma-Amino-Buttersäure, ein hemmender Botenstoff; N = Nukleus, Kerngebiet; VLPO = ventrolaterales präoptisches Areal; *kursiv* = Botenstoffe, Neurotransmitter)

1.3 Funktionen des Schlafes: 24-Stunden-Rhythmus – Gedächtnis – Reinigung

tung, sondern sind auch von einem Gewohnheitsrecht auf Erholung am Spätnachmittag und Abend geprägt. Auch Urlauber und Rentner fühlen sich bei fehlender Anstrengung im Laufe des Tages immer müder.

Bereits ein kurzer Blick in den Hirnstamm, der Schlafen und Wachen reguliert, widerlegt den Kreationismus[8]: der Mensch ist eben nicht das klar gegliederte, krönende Ergebnis eines wohlüberlegten Schöpfungsplans, hat dafür nun mit der Anfälligkeit dieses chaotischen Kabelsalats zu kämpfen, der sich über viele Jahrtausende der Evolution aus dem Spiel von Zufall und Notwendigkeit verwickelt hat, Beispiel Schlafstörungen. Schon die Bezeichnung »Formatio reticularis«, netzartige Struktur, für das undurchdringliche Dickicht, dem unser Großhirn aufsitzt, lässt nichts Gutes ahnen. Aufgrund seiner Komplexität erscheint es ziemlich aussichtslos, mit einfachen Mitteln aus der Apotheke wünschenswerte Sollbedingungen zuverlässig wiederherzustellen, nachdem sie einmal verloren gegangen sind.

Verletzungen im basalen Vorderhirn um den N. basalis Meynert beeinträchtigen Aufmerksamkeit, geordnetes Denken und Handeln; die Patienten sind verwirrt. Hypothalamus-Läsionen im Bereich der ventrolateralen präoptischen Area (VLPO) verursachen anhaltende Schlaflosigkeit. Die Konsequenzen von Veränderungen um den N. tuberomammillaris oder im Bereich der von N. raphe dorsalis und Locus coeruleus reichen von Schläfrigkeit bis zum unerweckbaren Koma.

Die hauptsächlichen Wachmacher sind die Botenstoffe Azetylcholin, das für strenge Aufmerksamkeit sorgt, und Orexin (altgr. orexis = Appetit, Verlangen), das für ausreichende Versorgung zuständig ist, die wiederum waches, aktives Bemühen voraussetzt (▶ Tab. 1,2). Die biogenen Amine Noradrenalin, Serotonin, Dopamin und Histamin nehmen jeweils etwas unterschiedliche Aufgaben im Wachen und Schlafen wahr und beteiligen sich an der

---

[8] Dazu Mark Twain (1835–1910): »Der Mensch wurde am Ende einer langen Arbeitswoche geschaffen, als Gott schon recht müde war.«

1 Schlaf: Fakten und Funktionen

Feinabstimmung der Schlafphasen. Eine insgesamt verminderte Aktivität von Azetylcholin, Orexin und insgesamt auch der biogenen Amine ermöglicht den Schlaf, der aber zusätzlich durch die Aktivität von gamma-Amino-Buttersäure (GABA) und Glycin in ganz umschriebenen Regionen des Hirnstamms und durch Adenosin und Melatonin in weiten Hirnarealen gesichert wird (▶ Abb. 1.4; ▶ Tab. 1.2).

Tab. 1.2: Neurotransmittersysteme und Schlaf-Wach-Regulation

Botenstoffe	Kernregionen, z. B.	Wachzustand	N1-N2	REM
Azetylcholin	N. basalis Meynert	↑↑↑	-	↑↑
Azetylcholin	N. pedunkulopontinus	-	-	↑↑
Orexin	lateraler Hypothalamus	↑↑↑	-	-
Noradrenalin	Locus coeruleus	↑↑↑	↑	-
Serotonin	N. raphe dorsalis	↑↑↑	↑↑	↑
Dopamin	Substantia nigra, ventrales Tegmentum	↑↑	↑	↑
Histamin	N. tuberomammillaris	↑↑↑	↑↑	↑
GABA	median präoptisches Areal (Schlaf anstossend)	-	↑↑	↑
GABA	ventrolaterales präoptisches Areal (stabilisierend)	-	↑↑	↑
GABA	N. pedunkulopontinus und laterodorsalis (Atonie)	-	-	↑↑↑
Glycin	N. pedunkulopontinus und laterodorsalis (Atonie)	-	-	↑↑↑

Azetylcholin, Orexin und Noradrenalin sind die hauptsächlichen hirneigenen Wachmacher; gamma-Amino-Buttersäure sorgt für Ruhe im Zentralnervensystem. Neben der Art des Botenstoffes ist die Funktion auch noch vom Ort der Herstel-

1.3 Funktionen des Schlafes: 24-Stunden-Rhythmus – Gedächtnis – Reinigung

lung und Freisetzung abhängig sowie dem Zusammenspiel mit anderen Neurotransmittern. Daneben sind hormonartige verbreitete Substanzen von Bedeutung wie Melatonin und Adenosin.

Daneben spielen Schlaf-fördernde (somnogene) Wirkstoffe eine Rolle, die den Schlafdruck erhöhen und wie Hormone durch den gesamten Organismus einschließlich des Gehirns strömen. Einer dieser Stoffe ist Adenosin, dessen Konzentration im Laufe des Tages zunimmt. Wird das Adenosin-Molekül mit Phosphat-Anteilen verbunden (ATP), ist es ein wichtiger Energieträger. Wird diese Energie verbraucht, nimmt die Konzentration des unverbundenen Adenosins zu und signalisiert dem Organismus Erschöpfung.

Melatonin, das in der Zirbeldrüse nachts bei Eintreten der Dunkelheit aus Serotonin hergestellt und freigesetzt wird, hat ein unerreicht umfangreiches Wirkspektrum von der Synchronisation zirkadianer Rhythmen über Immunabwehr und Zellschutz (z. B. Magenwand) bis hin zu Wachstum und Zellabbau. Diese Bedeutung und Vielfalt sind unter anderem dadurch bedingt, dass Melatonin-Effekte quer durch die Pflanzen- und Tierwelt verbreitet sind und damit eine besonders lange Entwicklungsgeschichte aufweisen können.

Vegetatives, autonomes Nervensystem. Das vegetative Nervensystem ist für das (Über-)Leben zuständig und arbeitet weitgehend selbständig (daher auch autonomes Nervensystem), wenngleich nicht unabhängig vom Zentralnervensystem. Es sorgt unter anderem dafür, dass im Körper geeignete Voraussetzungen für die Funktion des Gehirns geschaffen und aufrechterhalten werden. Dazu gehört auch die angemessene Funktionsweise am Tag und in der Nacht. Die zwei Hauptäste des vegetativen Nervensystems ergänzen sich in ihren Aufgaben und wechseln sich am Tag und in der Nacht ab.

Der Sympathicus (altgr. sympatheia = Mit-Empfinden) stellt das bereit, was tagsüber vom Menschen erwartet wird, was er aktiv leisten, worauf er reagieren oder sich vorausschauend einstellen muss. Auch im Alter darf man auf ein gewisses Maß aufrichtiger Anstrengung nicht verzichten. Nahezu symbolisch ist seine Wirkung auf das Auge, wo er die Pupillen öffnet, um die Umgebung, sein Gegenüber möglichst aufmerksam und »sympathisch« wahrzunehmen. Diese ständige Reaktionsbereitschaft am Tag versetzt den Organismus in Anspannung.

Sein Gegenspieler ist der Parasympathikus, der im Wesentlichen aus dem weit im Körper herumziehenden Vagusnerv besteht (lat. vagare = wandern). Er ist vorrangig für das Innenleben, die Eingeweide, Verdauung und Entspannung zuständig und bestimmt das erholsame Nachtleben (▶ Tab. 1.3).

Beim Einschlafen sinken Puls, Blutdruck und Atemantrieb. Puls und Blutdruck sind im Tiefschlaf langsam und niedrig. Auch die Atmung wird langsamer und regelmäßig. Durch den Parasympathikus werden Herzkranzgefäße, Luftröhre und Bronchien enger und der Atemwiderstand steigt; der Schläfer muss nicht rennen und dafür auch keine Vorkehrungen treffen. Die Sauerstoffkonzentration im Blut nimmt ab und der Kohlendioxidgehalt zu. Die Sauerstoffsättigung geht im Alter noch etwas weiter zurück. Im REM-Schlaf ist die Atmung unregelmäßig bei weiterhin hohem Atemwiderstand und noch niedrigerem arteriellen Sauerstoffgehalt. Puls und Blutdruck steigen auch in der Lunge an.

Die Nacht endet mit der Weckreaktion, einer raschen und gravierenden Umstellung im Arbeitsmodus des gesamten Organismus von der parasympathisch beruhigten Nacht hin zum sympathisch aufgeweckten Tag, von Innenleben zur Außenwelt, vom off-line- zum on-line-Modus. Das EEG ändert seinen Arbeitsrhythmus. Das Bewusstsein taumelt nicht mehr im Traum, sondern müht sich um Konzentration. Physiologisch entspricht die Weckreaktion einer akuten Stressreaktion. Puls und Blutdruck steigen innerhalb von vier Sekunden um etwa acht Schläge pro Minute und 15 mmHg an, die Durchblutung der Körperorgane steigt, Cortison wird hochgefahren, der Körper ist auf Gefahren vorbereitet. Die Weckreaktion ist einmal am Tag gut zu verkraften. Wenn Sie zu einem er-

1.3 Funktionen des Schlafes: 24-Stunden-Rhythmus – Gedächtnis – Reinigung

Tab. 1.3: Nervus Sympathicus und Parasympathicus (= Vagusnerv) als Gegenspieler im vegetativen Nervensystem

Nervus sympathicus	Zielorgane, z. B.	Parasympathicus (Nervus Vagus)
Weitung (Mydriasis)	Pupille	Verengung (Miosis)
Nahsicht	Linse (Ziliarmuskel)	
	Tränendrüse	Sekretion
zäher Speichel	Speicheldrüse	flüssiger Speichel
Schwitzen	Schweißdrüsen	
hoch (tachycard)	Puls	niedrig (bradycard)
schnell	Herz, Leitungszeit	langsam
weit	Herzkranzgefäße	eng
eng	periphere Gefäße	weit
steigt	Blutdruck	sinkt
weit	Bronchien	eng
	Magen	steigert Magensaftsekretion
hemmt Peristaltik	Darm	steigert Peristaltik
Glukosefreisetzung	Leber	Gallensekretion
gehemmt	Bauchspeicheldrüse	stimuliert
hemmt Durchblutung	Niere	
Adrenalinfreisetzung	Nebenniere	
kontrahiert	Harnblase	entspannt

heblichen Teil des Nachtlebens wird, entwickelt sich aus der akuten Stressreaktion ein chronischer Stresszustand (▶ Kap. 2.1).

1 Schlaf: Fakten und Funktionen

> **Zirkadiane Rhythmen und *zirkadiane Risiken*:**
> Jede Stunde birgt ihre eigenen Leistungsspitzen und Gefahren
>
> 06:00 Weckreflex mit steilem Blutdruckanstieg und EEG-Veränderungen
> 07:00 Ende der Melatonin-Sekretion
> 08:00 Darmbewegungen setzen ein, Beginn der Insulinsekretion; Thrombozytenaktivierung mit höherer Gerinnungsneigung, *hohes Infarktrisiko (Schlaganfall, Herzinfarkt)*
> 09:00 Cortison- und Testosteronspitzen
> 10:00 Entzündungsfaktoren steigen an; Phase der größten Aufmerksamkeit
> 11:00 höchste Pulsrate; *höchstes Risiko für Hirnblutungen*
> 12:00 beste Wundheilung, *höchstes Herzinfarktrisiko; Migräneanfälle*
> 14:00 beste Koordinationsleistungen
> 15:00 kürzeste Reaktionszeit
> 17:00 größte Herzleistung und Muskelkraft
> 18:00 höchster Blutdruck; höchste Spiegel von Blutfetten und der Hungerregulationshormone (Insulin, Leptin und Ghrelin)
> 19:00 höchste Körpertemperatur
> 20:00 größte Zahl neutrophiler Blutkörperchen
> 21:00 Beginn der Melatonin-Sekretion
> 22:00 stärkste Magensaftsekretion; *größte Hitzewallungen; stärkster neuropathischer Schmerz*
> 23:00 höchste Zahl von Lymphozyten und Monozyten
> 01:00 tiefster Schlaf; *Migräne*
> 02:00 *größte Gefahr für Vorhofflimmern*
> 04:00 *Cluster- und hypnischer Kopfschmerz*
> 05:00 *Herzrhythmusstörungen, hohes Herzinfarkt- und Sterberisiko*

Für unsere Vorfahren ergeben diese zirkadianen Veränderungen nachvollziehbare Vorteile: die Aktivitätsphase beginnt mit Sonnen-

1.3 Funktionen des Schlafes: 24-Stunden-Rhythmus – Gedächtnis – Reinigung

aufgang. Beim überlebensnotwendigen Jagen und Sammeln macht es Sinn, dass der Blutdruck für entsprechende Leistungen ansteigt, das Stresshormon Cortison und die Gerinnungsfaktoren zur Reparatur kleiner Verletzungen zur Verfügung stehen, Testosteron den notwendigen Mut vermittelt, in den Mittagsstunden und am frühen Nachmittag trotz erster Ermüdungserscheinungen die Übersicht gewahrt bleibt und schnelle Entscheidungen getroffen werden können, auf dem Heimweg noch ausreichend Kondition übrig ist, am Abend die mit Heißhunger aufgenommene Nahrung richtig verwertet wird, die Körpertemperatur in der Ruhephase noch einigermaßen hoch bleibt, die Abwehrmechanismen den Körper nach eingedrungenen Keimen absuchen, ihn reparieren und reinigen, während der Mensch glücklich war, wieder einen Tag mit größter Anstrengung überlebt zu haben und maximal erschöpft in den Schlaf fällt. Die Lebenserwartung war kurz.

Unter den beschützten Bedingungen Mitteleuropas schießen manche dieser angeborenen sympathischen, parasympathischen und anderen Regulationsmechanismen über das heute noch notwendige Maß hinaus. Auf ein vergleichsweise (stets im Vergleich zum jederzeit bedrohten Jäger und Sammler!) stressfreies, körperlich meist faules Leben im Luxus von 60 Jahren und mehr hat uns die Evolution nicht gut vorbereitet. Weshalb auch? Es ging – nach Darwin – vorrangig um das Überleben der Art und nicht die Lebensqualität einzelner, die ihren Zweck laut Darwin längst erfüllt haben.

Gedächtnis

Wer schlecht schläft, ist auch weniger leistungsfähig. Dies ist eine allgemeine Erfahrung und bedarf eigentlich keiner genaueren Begründung. Wird der Schlaf in unterschiedlichen Phasen gestört, so leiden unterschiedliche Leistungen und Teilbereiche des Gedächtnisses (▶ Tab. 1.4).

Tab. 1.4: Schlafphasen und Gedächtnisfunktionen

	erste Hälfte des Nachtschlafes	zweite Hälfte des Nachtschlafes
Polysomnogramm	mehr Tiefschlaf	mehr REM-Schlaf
Gedächtnis, vorwiegend	deklaratives Gedächtnis	prozedurales Gedächtnis

Wird der Nachtschlaf in der ersten Hälfte gestört, so leidet in erster Linie das deklarative Gedächtnis, und in der zweiten Hälfte leidet bei einer Störung vor allem das prozedurale Gedächtnis. Deklarativ ist das, worüber man leicht sprechen kann und dies lässt sich prüfen, indem Versuchspersonen vor dem Zubettgehen irgendwelche Wortpaare oder dergleichen lernen. Dagegen hat das prozedurale Gedächtnis z. B. mit Geschicklichkeit zu tun. So kann man am Vortag irgendeine manuelle Fertigkeit trainieren, wie z. B. das Jonglieren oder ein paar Griffe auf der Gitarre, und nach einer guten Nacht gelingen diese Abläufe möglicherweise noch besser als am Vortag, nicht aber, wenn die Versuchspersonen im REM-Schlaf gestört werden. Das emotionale Gedächtnis ist ungleich schwerer zu prüfen. Im Tiefschlaf hat der Parasympathikus die Oberhand, im REM-Schlaf jedoch modulieren Hirnareale, die der Emotionsverarbeitung dienen, über den Sympathikus wieder Puls und Blutdruck. Es ist anzunehmen, dass während dieser Phasen emotionale Lernvorgänge stattfinden, die einen »unbewussten« Einfluss auf unser weiteres Verhalten ausüben.

Vor einiger Zeit gelang an Nagetieren der Nachweis, dass sie während des Tiefschlafs im Geiste jene Wege rückwärts durchlaufen, die sie vorher wach erkundeten. Dabei sind die gleichen Nervenzellgruppen im Hippocampus aktiv, die sich am Tag den rechten Weg gemerkt haben. Das nächtliche Zurückspulen dient der noch besseren Einprägung wichtiger Information. Was für Maus und Ratte der Ort, ist für den Menschen das Wort; es dient der Orientierung im geistigen Raum. Die Analogie geht noch weiter:

1.3 Funktionen des Schlafes: 24-Stunden-Rhythmus – Gedächtnis – Reinigung

Die gleichen Systeme, welche bei den Artverwandten der räumlichen Orientierung dienen, Hippokampus und Teil der Hirnrinde, haben beim Menschen eine Erweiterung nach vorne, nach frontal erfahren. Der hintere Hippokampus dient dem Ortsgedächtnis, der vordere dem Wortgedächtnis und zwar so lange, bis die Zusammenhänge fest in der Hirnrinde verankert sind.

Dieses feste Erlernen, die Gedächtniskonsolidierung folgt der sog. Hebb'schen Regel: »neurons which fire together, wire together«, Nervenzellen, die miteinander aktiv sind, vernetzen sich. Die eigenbrötlerische Isolation des Gehirns im Tiefschlaf erlaubt ein freies Abfeuern spindeliger und schneller Wellen (spindles, sharp wave ripples) aus dem Hippokampus, die in der Großhirnrinde die angezielten Nervenzellgruppen zu großen Wogen (slow waves) anregen. Dabei werden in den Verästelungen der Nervenzellen (Dendriten) etwa mit einer hohen Kalziumkonzentration die geeigneten Voraussetzungen geschaffen, um neue Nervenzellverbindungen (Synapsen) herzustellen. Diese speziellen nächtlichen Lernmechanismen lassen sich bei deklarativen Gedächtnisaufgaben am Menschen gut studieren und stehen daher derzeit wissenschaftlich im Vordergrund. Grundsätzlich ist jedoch zu bemerken, dass sich das Gehirn überall und jederzeit verändert, dass Lernvorgänge also auch ständig still und heimlich ablaufen und nicht nur Schulaufgaben betreffen, die sich in Examen und Labor leicht untersuchen lassen. Unbestritten bleibt die ungünstige Wirkung von wirklich gestörtem Schlaf, von Schlafentzug auf die elektrischen und biochemischen Lernvorgänge sowie deren Ergebnis.

Im hohen Alter fallen das nächtliche Lernen sowie das bisher unerwähnte Verarbeiten und Vergessen nicht leichter. Die beteiligten Systeme werden sichtlich schwächer, sogar die anatomischen Strukturen werden schmächtiger, sowohl die nächtliche Spindelaktivität als auch die langsamen Wellen in der Hirnrinde nehmen ab.

Lernen im Schlaf ist nicht alles. Die geistige Leistungsfähigkeit für den nächsten Tag wird nicht nur durch eine Optimierung des Gedächtnisses verbessert. Sowohl kreatives Planen als auch stupide Aufgaben, die aber dauernde Aufmerksamkeit verlangen, gelingen nach einer guten Nacht besser. Dazu müssen weitere Prozesse beitragen.

Reinigung

Glymphatisches System. Das Gehirn wird von den Arterien versorgt und von den Venen entsorgt. Im Rest des Körpers gibt es noch ein drittes Kanalsystem, die Lymphe, das Brauchwassersystem zur Immunabwehr und Entsorgung der Körpergewebe, mit dem abgenutzte Eiweiße und Bakterien in Richtung Venen transportiert werden. Bis vor wenigen Jahren dachte man, das Gehirn komme ohne Lymphsystem aus. Seit das ganz besondere »gliale Lymphsystem« (glymphatisches System) des Gehirns vor kurzem entdeckt wurde, nehmen die Forschungsergebnisse exponentiell zu.

Abbildung 1.5 zeigt die Grundelemente des glymphatischen Systems (▶ Abb. 1.5). Hirnarterien verlaufen zunächst zwischen dem Schädelknochen und dem Gehirn im sog. Subarachnoidalraum und treten dann ins Hirngewebe ein. Die Arterie wird dabei in geringem Abstand von einem flexiblen Rohr umschlossen, das von den Stützzellen des Gehirns, den Gliazellen gebildet wird. In diesem Rohr befindet sich die Zerebrospinalflüssigkeit (Liquor), die von der pulsierenden Arterie geradezu in das Hirngewebe hinein massiert wird. Die Ausläufer der Gliazellen halten am Tag dicht. Im Tiefschlaf jedoch öffnen sich Poren (Aquaporin-4-Moleküle) durch die der Liquor erst in die Gliazellen und von dort ins Hirngewebe strömt um dort Abfallstoffe abzuräumen und in Richtung Venen abzutransportieren. Zu diesen Abfallstoffen zählt unter anderem das Alzheimer-Eiweiß ß-Amyloid und tatsächlich mehren sich die Hinweise auf einen Zusammenhang von gutem Schlaf und relativem Schutz gegen eine Demenz beziehungsweise auf schlechten Schlaf mit vermehrter Alzheimer-Amyloid-Ablagerung. Die Bedeutung des glymphatischen Systems für die Entwicklung und Gene-

1.3 Funktionen des Schlafes: 24-Stunden-Rhythmus – Gedächtnis – Reinigung

sung von Hirnverletzungen, Durchblutungsstörungen, Migräne, Höhenkrankheit und vielen anderen Hirnveränderungen wird inzwischen immer besser erkannt. Das wichtige glymphatische System liefert also einen Grund mehr, den Schlaf zu pflegen und auf Schlaf- und Beruhigungsmittel zu verzichten, die den Tiefschlaf stören.

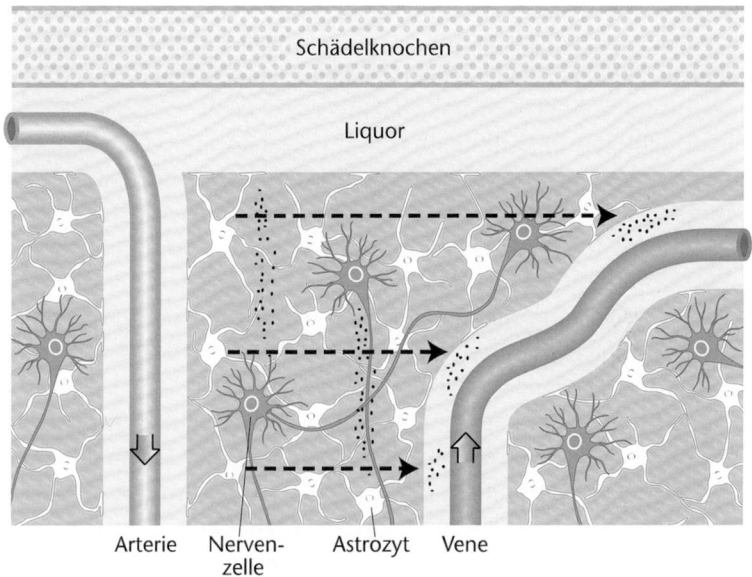

Abb. 1.5: Das gliale Lymphsystem (glymphatisches System) (© Peer Palm)
Im Tiefschlaf strömt Liquor über Gliazellen (Astrozyten) in das Hirngewebe ein und transportiert von dort zelluläre Abfallprodukte, z. B. Alzheimer-Eiweiß (beta-Amyloid), in Richtung der Venen ab. Wenn Alkohol und Schlafmittel den Tiefschlaf stören, funktioniert dieser Reinigungsmechanismus nicht.

Immunreaktion und Mikrobiom. Die Belastung mit Nahrungsmitteln, Keimen und Umweltgiften signalisiert dem Gehirn über Entzündungssignale (TNF-alpha, Interleukin 2 usw.) Erholungsbedürftigkeit und führt zu vermehrtem Tiefschlaf um Verwertung,

1 Schlaf: Fakten und Funktionen

Entgiftung und Abwehr zu verbessern. Die Wanderung der weißen Blutkörperchen aus Knochenmark und Lymphknoten zur Immunabwehr ist dabei ebenso zirkadian gesteuert wie der Weg in Kapillaren und Körperorgane, der Rückzug und der Abbau der weißen Blutkörperchen. Das immunologische Gedächtnis wird ebenfalls im Schlaf verbessert und leidet bei einer Überforderung des Organismus entweder durch einen gestörten zirkadianen Rhythmus oder eine zu starke Abwehrreaktion, die wiederum zu einer Beeinträchtigung des Schlafrhythmus führen kann. Dann werden zirkadian regulierte Stoffwechselvorgänge und zelluläre Regulationsmechanismen beeinträchtigt. Sowohl zu kurzer als auch zu langer Schlaf beeinträchtigen Immunfunktion und Regeneration. Folge sind unter anderem anhaltende Entzündungsprozesse, hohe Blutfette, Übergewicht, Insulinresistenz, Diabetes mellitus, Arteriosklerose, Bluthochdruck und ein erhöhtes Risiko für Krebserkrankungen.

Zu Stoffwechsel und Immunreaktion gehört auch der Umgang mit dem *Mikrobiom*, also den Mitbewohnern unseres Körpers mit einem Gesamtgewicht von 150–200g. Dabei handelt es sich vor allem um Darmflora, die unserem Körper bereits bezüglich der Zellzahl deutlich überlegen ist, vor allem aber hinsichtlich ihrer Gene (Mensch 23.000; Mikrobiom 3.300.000 Gene). Mit einem intakten vegetativen und Immunsystem werden die Darmbakterien im Zaum gehalten und folgen bezüglich Zusammensetzung und Stoffwechsel dem zirkadianen Rhythmus des Wirts. Dies ändert sich unter Stressbedingungen: Vermehrung, Zusammensetzung und Ausscheidung werden chaotisch, die Darmwand wird durchlässig (leaky gut) und die ohnehin engen Beziehungen zwischen Darm und Befinden (Mikrobiom-Hirn-Achse) gewinnen an unerwünschter Dynamik. Während die Verhältnisse im Bauchraum ansonsten vom Parasympathicus gemessen und gestaltet werden, dringen die Entzündungs- und Botenstoffe der Bakterien nun ungebremst in einen offenen Organismus vor.

2

Schlafstörungen und ihre Folgen

Ein geringes Maß an Schlaflosigkeit ist nicht ohne Wert dafür, den Schlaf richtig schätzen zu lernen.

Marcel Proust (1871–1922)

Mehr als die Hälfte der älteren Menschen berichtet auf Befragen von Problemen mit dem Schlaf und zwar vor allem von Durchschlafstörungen und von (zu) frühem Erwachen am Morgen. Etwa ein Drittel leidet unter einer Insomnie und ein Viertel an den unterschätzten nächtlichen Atemstörungen, z. B. einer sog. Schlafapnoe, Atempausen während des Schlafs. Unwillkürliche nächtliche Bewegungen zeigen viele, bei mehr als 10 % wird die Nachtruhe dadurch empfindlich beeinträchtigt. Alle diese Zahlenangaben sind

2 Schlafstörungen und ihre Folgen

mit Vorsicht zu genießen, da die Ergebnisse je nach Untersuchungsgruppe und -methode stark voneinander abweichen.

Bei einem sehr hohen Anteil der älteren Patienten, die ärztliche Hilfe suchen, liegen weitere Ursachen mit zugrunde, es handelt sich also nicht um »reine«, primäre Schlafstörungen (▶ Kap. 2.1). Als (Mit)Ursachen sekundärer Schlafstörungen finden sich vielfach seelische und somatische Grunderkrankungen, Genussmittel und Medikamente sowie chronisch schlechte Schlafhygiene (▶ Kap. 2.2). Nochmals zu den wichtigsten Punkten, die für eine erste Einordnung von Schlafstörungen älterer Menschen von Bedeutung sind:

- Typische Bett- und Aufstehzeiten, tägliche Bewegungsroutine und Aufgaben;
- Schwierigkeiten beim Einschlafen, z. B. auch durch Missempfindungen oder Bewegungsdrang;
- Nächtliches Erwachen und Schwierigkeiten beim erneuten Einschlafen, auch durch Harndrang;
- Tagesmüdigkeit, unbeabsichtigtes Einnicken am Tag;
- Hinweise auf Schnarchen, nächtliche Atempausen und Ringen um Luft;
- Hinweise auf Reden, Schreien, und unkontrollierte Bewegungsabläufe im Schlaf;
- Genussmittel (Kaffee, Tee, Cola, Kakao, ...), Alkohol, Medikamente;
- Seelische und körperliche Belastungen, Lebenssituation.

Es gibt kaum ältere Menschen, die nicht über einige der genannten Punkte Beklagenswertes oder Kritikwürdiges aus aktuellem Anlass oder aus der jüngeren Vergangenheit berichten können. Umso wichtiger ist es, die Ausprägung und Bedeutung dieser Probleme abzuschätzen. Dazu dienen strukturierte Interviews und Skalen, von denen einige in der Folge aufgeführt werden.

2.1 Schlafstörungen im Alter: Falsche Zeiten – nächtliche Atemnot – Bewegungs- und Verhaltensstörungen

Falsche Zeiten

Als »Dyssomnien« werden die Schlafstörungen bezeichnet, bei denen zu viel oder zu wenig geschlafen wird, also quantitative Schlafstörungen. Daneben kann aber auch zu falschen Uhrzeiten geruht werden. »Parasomnien« dagegen sind Schlafstörungen, bei denen der Schlaf »qualitativ« verändert ist, bei denen also besondere Phänomene auftreten. Dazu und zu den nächtlichen Atem- und Bewegungsstörungen weiter unten.

Zirkadiane Rhythmusstörungen. Bereits in Kapitel 1 wurde erwähnt, dass die Steuerung unseres Organismus über 24 Stunden keine ganz triviale Angelegenheit darstellt. (Fast) alle Körperzellen haben ihren eigenen Rhythmus und werden über eine zentrale Leitstelle synchronisiert, aber das funktioniert nur, solange das Gehirn selbst zusätzliche Informationen von außen erhält, um den eigenen Rhythmus an den 24-Stunden-Takt der Erde anzupassen. Schülern und Arbeitnehmern fällt es leicht, diesen Rhythmus zu halten, weil sie müssen; Studenten und Rentnern fällt es manchmal besonders schwer, da sie glauben, tun und lassen zu können, was ihnen beliebt – und damit fangen die Probleme mit Leistung, Lebensqualität und Gesundheit oft an.

Habituelle senile Schlafphasenvorlagerung (idiopathic senile advanced sleep phase disorder) ist die selbstgewählte und gewohnheitsmäßige Vorverlagerung von Schlafversuchen auf eine unangemessene Zeit, z. B. 20:00 oder 21:00 Uhr. Mangelnde Müdigkeit führt zu verzögertem Einschlafen, gefolgt von ziemlich normalem Schlaf, der aber gegen 02:00 oder 03:00 Uhr morgens zu einem natürlichen Erwachen führt, das in Finsternis und mangels geeigneter Selbsteinschätzung und Beschäftigung subjektiv als Früherwachen fehlinterpretiert wird. Die restliche Zeit der Nacht wird unglücklich und wenig erholsam im Bett verbracht und wegen einer vermeintlich schlechten Nacht wird dort sogar gerne noch bis in den Vormittag gedöst. Der Tag beginnt verspätet mit Kopfschmerz, schlechter Stimmung, einem Gefühl der Niedergeschlagenheit und großer Enttäuschung. Als Erklärung ist schnell die schlechte Nacht zur Hand und der Anspruch auf einen gerechten Ausgleich wird spätestens mit einem zweistündigen Mittagsschlaf befriedigt.[9] Insgesamt können die Betroffenen bis zu 16 von 24 Stunden im Bett verbringen, davon zehn Stunden schlafen oder zumindest dösen und grübeln, sich den Rest der Bettzeit still Sorgen machen und so verbleiben noch acht Stunden, um sich öffentlich über schlechten Schlaf, schlechte Gesundheit, schlechte Medikamente, schlechte Ärzte und die Schlechtheit der ganzen Welt zu beschweren.

Die Schulmedizin hat diesem weit verbreiteten Problem bisher keine ausreichende wissenschaftliche Aufmerksamkeit geschenkt.

Die Ursachen sind nicht allein bei den Betroffenen zu suchen, sondern liegen vielfach in mangelnden Verpflichtungen und Anreizen, um am Tage länger durchzuhalten. Die habituelle Schlafphasenvorverlagerung ist in der jüngeren Allgemeinbevölkerung selten (weniger als 1 %), bei Menschen über 65 deutlich häufiger,

---

9 Gegen den Mittagsschlaf spricht der mangels Schlafdrucks schlechtere nachfolgende Nachtschlaf, die konsekutive depressive Verstimmung, die eingeschränkte geistige Leistung (individuell verschieden) und fundamentale Veränderungen des zirkadianen Rhythmus z. B. durch Veränderungen der Körpertemperatur. Ältere mitteleuropäische Mittagsschläfer tragen häufig bereits die Last einer von vornherein im Durchschnitt etwas reduzierten geistigen Leistungsfähigkeit, sind kränker und schwerer als Nicht-Mittagsschläfer. Anders die Situation am Mittelmeer, wo die klugen Mittagsschläfer meist körperlich aktiver sind und sich besser ernähren. Angesichts der Klimakrise schmelzen die Einwände gegen die Nickerchen der nächsten Generationen.

besonders häufig in Seniorenheimen (aber in manchen Altenpflegeheimen durch die unbarmherzige Zeitregie wiederum selten).

Zweifelsfrei können neben den Lebensumständen auch körperliche Gebrechen und eine leichte Erschöpfbarkeit bei geringen Anstrengungen eine wichtige Rolle spielen. Wesentliche physiologische Faktoren sind ferner die allgemeine Abflachung der endogenen biologischen Rhythmen sowie die tageszeitliche Vorverlagerung des Melatonin- und Temperaturanstiegs.

Differentialdiagnostisch ist ein genetisch oder ebenfalls habituell verankerter vorverschobener Tagesrhythmus in Betracht zu ziehen, bei dem die »Lerchen« ebenfalls früh zu Bett gehen, angemessen schlafen und entsprechend früh und gut ausgeruht aufstehen.

Die *unregelmäßige Schlaf-Wach-Störung* ist im höheren Alter oft durch Hirnveränderungen wie z. B. Schädel-Hirn-Verletzungen oder eine Alzheimer-Demenz verursacht. Der N. suprachiasmaticus als ein zentraler Zeitgeber kann dabei direkt durch die Krankheitsprozesse in Mitleidenschaft gezogen werden. Daneben sind die Lebensbedingungen, etwa in Heimen von Bedeutung.

Bei jüngeren Menschen können Schichtarbeit und Jet-Lag nach interkontinentalen Flügen zeitweise zu einem irregulären Schlaf-Wach-Rhythmus führen. Ebenso kann ein individueller Nicht-24-Stunden-Rhythmus bei jüngeren Menschen zu chaotischen Interferenzen mit einem aufgezwungenen 24-Stunden-Tag führen.

Insomnie. Dabei ist der Schlaf vor allem subjektiv, aber auch oft objektiv durch ein verzögertes Einschlafen, gestörtes Durchschlafen oder zu frühes Erwachen mit erheblicher Tagesmüdigkeit beeinträchtigt. Ältere Menschen klagen viel häufiger über eine derartige Insomnie als jüngere. Mitunter werden leichte, noch normale Veränderungen als krankheitswertig angesehen, aber der Vergleich in Abbildung 2.1 illustriert, dass diese Schlafstörungen bei älteren Menschen deutlich häufiger angegeben werden (▶ Abb. 2.1).

2 Schlafstörungen und ihre Folgen

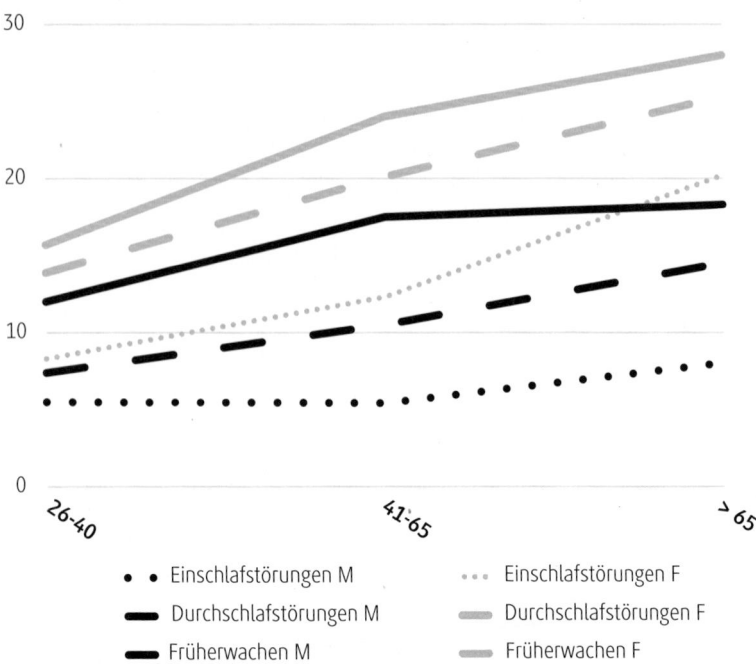

• • Einschlafstörungen M   • • • Einschlafstörungen F
━━ Durchschlafstörungen M   ━━ Durchschlafstörungen F
━━ Früherwachen M   ━━ Früherwachen F

Abb. 2.1: Zunahme der (subjektiven) Ein- und Durchschlafstörungen sowie des morgendlichen Früherwachens im Lauf des Lebens (nach Kocevska et al., 2021)

Die Ausprägung der Insomnie wird oft mithilfe folgender Fragen abgeschätzt, wobei angegeben werden soll, ob die Beschwerden in den letzten beiden Wochen gar nicht vorhanden, leicht, mäßig, schwer oder sehr schwer waren. Dafür werden jeweils 0 Punkte für »nicht vorhanden« bis maximal 4 Punkte für »sehr schwer ausgeprägt« vergeben (modifiziert nach Dieck et al., 2018): Einschlafstörungen; Durchschlafstörungen; Früherwachen; derzeitige Unzufriedenheit mit dem Schlaf; Beeinträchtigung der Leistungsfähigkeit im Alltag (durch schlechte Konzentration, Stimmung oder Tagesmüdigkeit); Sorgen wegen der derzeitigen Schlafprobleme; Beeinträchtigung der Lebensqualität einschließlich der Auswirkungen auf Mitmenschen. Ab 8 Punkten spricht man von einer subdiagnostischen (unterschwelligen Schlaflosigkeit), ab 15 von einer mittelschweren und ab 22 von einer ausgeprägten Insomnie.

Die habituelle senile Schlafphasenvorverlagerung trägt häufig zu den Beschwerden bei. Dazu kommen verminderte Bewegung an der frischen Luft und wenig soziale Kontakte am Tag. Häufig stören aber auch übertriebene Erwartungen und Befürchtungen den Nachtschlaf, die teilweise mit den Schlafmythen zu tun haben. Nichts davon ist ganz falsch, aber zum Problem werden diese Überzeugungen, wenn sie das Denken und Verhalten bis in die Nacht hinein bestimmen. Viele ältere Insomniker stimmen den folgenden Punkten zu (modifiziert nach Morin, 2007):

- Hohe Erwartungen:
  - Ich brauche unbedingt 8 Stunden Schlaf, um mich am nächsten Tag frisch zu fühlen und richtig zu funktionieren;
  - ich sollte doch genauso gut schlafen wie mein(e) Partner(in).
- Falsche Überzeugungen:
  - Weil ich älter werde, sollte ich früher zu Bett gehen;
  - wenn ich mehr Zeit im Bett verbringe, kann ich länger schlafen;
  - wenn ich nicht einschlafen kann, muss ich im Bett bleiben und es noch intensiver versuchen (▶ Abb. 2.2);
  - wenn ich in einer Nacht nicht genügend Schlaf bekomme, muss ich am nächsten Tag ein Nickerchen halten oder in der nächsten Nacht länger schlafen;
  - wenn ich eine Nacht schlecht geschlafen habe, weiß ich, dass mein Schlafrhythmus eine ganz Woche lang gestört sein wird;
  - ich glaube die Schlaflosigkeit ist Folge eines gestörten chemischen Gleichgewichts oder einer schweren Krankheit.
- Sorgen und Hilflosigkeit wegen des schlechten Schlafs:
  - Ich kann nie vorhersagen, ob ich gut oder schlecht schlafen werde und bin besorgt, die Kontrolle über meinen Schlaf zu verlieren;

- nachts werde ich von meinen Gedanken überwältigt und spüre oft, dass ich keine Kontrolle über mein rasendes Gehirn habe; mein Schlaf wird immer schlechter.
* Furcht vor unangenehmen Konsequenzen:
  - Ohne einen angemessenen Nachtschlaf bin ich am nächsten Tag nicht leistungsfähig;
  - wenn ich mich müde, kraftlos, reizbar, deprimiert und ängstlich fühle oder am Tag einfach nichts zustande bringe, liegt es im Allgemeinen daran, dass ich in der Nacht davor nicht richtig geschlafen habe;
  - jede schlechte Nacht wird mich danach belasten;
  - man sieht mir an, dass ich schlecht schlafe;
  - ich mache mir Sorgen, dass die chronische Schlaflosigkeit meine Gesundheit ernsthaft beeinträchtigen wird;
  - ich habe das Gefühl, die Schlaflosigkeit zerstört meine Fähigkeit, das Leben zu genießen und hält mich davon ab zu tun, was ich eigentlich will;
  - nach einem gestörten Nachtschlaf vermeide ich soziale oder familiäre Verpflichtungen oder sage sie ganz ab;
  - ich schaffe es nicht, mit den negativen Folgen gestörten Schlafes umzugehen;
  - wenn ich nicht schlafen kann, fürchte ich einen Nervenzusammenbruch.
* Behandlung:
  - Ich glaube, es ist besser eine Schlaftablette zu nehmen als nach einer schlechten Nacht am nächsten Tag nicht richtig zu funktionieren und mich unwohl zu fühlen;
  - Alkohol hilft;
  - Medikamente sind wahrscheinlich das einzige Mittel gegen Schlaflosigkeit.
* Schicksalsergebenheit:
  - Schlaflosigkeit ist einfach das Ergebnis des Alters;
  - ich brauche nur noch weniger Schlaf, weil ich älter werde.

2.1 Schlafstörungen im Alter

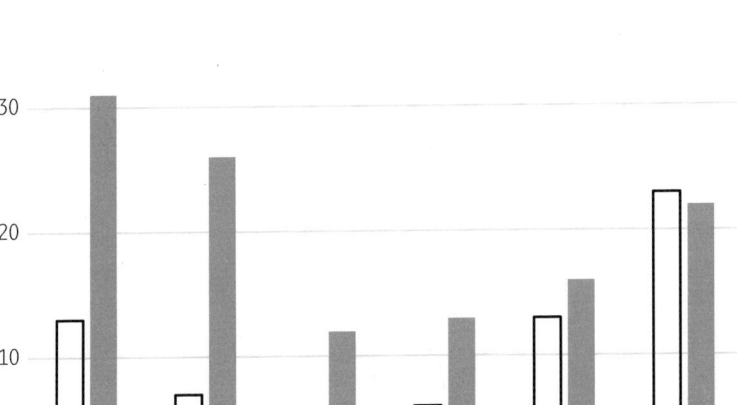

Abb. 2.2: Abhängigkeit von Einschlafstörungen und »schlechtem« Schlaf von der Schlafdauer. Sowohl Bettzeiten unter 7 als auch über 8 Stunden sind mit häufigeren Einschlafstörungen und mit subjektiv schlechterem Schlaf verbunden (nach Kocevska et al., 2021).

Die Insomnie im Alter ist oft mit weiteren psychischen und körperlichen Problemen verbunden. Die häufigste seelische Teilursache und Begleiterkrankungen ausgeprägter Insomnien ist die Depression. Das Fortbestehen einer Insomnie kann auch eine Depression verstärken und die Heilung verzögern. Körperliche Erkrankungen, die den Menschen ängstigen und bedrücken, tragen zu einer Insomnie bei, ob es sich um eine Krebserkrankung handelt oder Luftnot bei einer schweren Lungen- oder Herzerkrankung. Schmerz verhindert Schlaf. Wenn Angst, Luftnot und Schmerz wach halten, kann dies zunächst akut überlebenswichtig sein; langfristig untergräbt es die Gesundheit. Häufige körperliche Ursachen einer In-

2 Schlafstörungen und ihre Folgen

somnie sind chronische Herz-, Lungen-, Nieren- und Magen-Darm-erkrankungen, schmerzhafte rheumatische Erkrankungen und Kopfschmerzen, juckende Hautveränderungen, Krebserkrankungen, Schlaganfälle und viele andere Erkrankungen, die im höheren Alter zunehmen. Ein stark belastender Teilaspekt der Insomnie ist die Verminderung schmerzstillender Substanzen im Organismus bei gleichzeitigem Anstieg schmerzerregender, hyperalgetischer Substanzen (▶ Tab. 2.1).

Tab. 2.1: Insomnie steigert das Schmerzempfinden durch die Aktivierung (↗) von Schmerzstoffen (Hyperalgetika) und Verminderung (↘) schmerzdämpfender (analgetischer) Botenstoffe.

	Hyperalgetika	Analgetika
Zentralnervensystem	↗ Adenosin, Stickstoffmonoxid (NO)	↘ Dopamin, Opioide, Orexin (im Hypothalamus)
Peripherie	↗ Entzündungsstoffe (Prostaglandine, Zytokine)	↘ Melatonin, Orexin

Ältere Patienten weisen ein höheres Risiko für Nebenwirkung bei der Behandlung mit »Schlafmitteln« auf, auch bei solchen, die in früheren Jahren angeblich gut vertragen wurden. Auch Nebenwirkungen von Medikamenten, die zur sinnvollen Behandlung anderer Erkrankungen eingesetzt werden, können im ungünstigen Fall den Schlaf verschlechtern (▶ Tab. 2.2). Eingefahrene persönliche Gewohnheiten verstellen oft den Blick für offensichtliche nächtliche Nachwirkungen von Alkohol, Nikotin, Kaffee und Tee.

Tab. 2.2: Medikamente als Ursache von Schlaflosigkeit und Tagesschläfrigkeit

Substanzgruppe	Schlaflosigkeit, z. B.	Tagesschläfrigkeit, z. B.
Alkoholika	Alkoholentzug	Alkohol
Amphetamine	Appetitzügler, ...	

2.1 Schlafstörungen im Alter

Substanzgruppe	Schlaflosigkeit, z. B.	Tagesschläfrigkeit, z. B.
Analgetika	Codein, Diclofenac, Oxycodon	Opiate
Antiasthmatika	Theophyllin, Clenbuterol	
Antibiotika	Gyrase-Hemmer	
Antidementiva	Cholinesterase-Hemmer	
Antidepressiva	antriebssteigernde Antidepressiva	sedierende Antidepressiva
Antihypertensiva	beta-Blocker, Clonidin, Verapamil	beta-Blocker, Clonidin, Verapamil
Antikonvulsiva	Lamictal, Phenytoin	Lamictal, Phenytoin
Antipsychotika		sedierend Antipsychotika
Antitussiva	(Hustenmittel)	
Diuretika	fördern nächtlichen Harndrang	
Entzündungshemmer	Corticoide	
Genussmittel	Kaffee, Tee, Kakao	
Hormone	Thyroxin, Kontrazeptiva	
Kardiaka	Amiodaron	
Lipidsenker	Statine	
Migränemittel	Methysergid	
Parkinson-Medikamente	L-Dopa, Selegelin, Amantadin	Dopaminagonisten
Polypharmazie	... Verwirrtheit	... Sedierung
Sedativa	Entzug	Gebrauch
Stimulanzien	Amphetamin	Entzug
Suchtmittel	Cannabis, Kokain	Cannabis, Kokainentzug

Risiken der anhaltenden Insomnie sind zunehmende Antriebslosigkeit, Freudlosigkeit und depressive Verstimmung, also die Kerneigenschaften der bereits als Begleiterkrankung aufgeführten Depression. In umfangreichen und langfristigen Studien ergaben sich Hinweise auf eine Beeinträchtigung der Wahrnehmung und Koordination, auf Stolpern und Stürzen, nachlassende geistige Leistungsfähigkeit (▶ Kap. 2.3) und einen ungünstigeren Verlauf seelischer und körperlicher Erkrankungen mit größerer Sterblichkeit. Insomnie kann zu einem andauernden Anspannungszustand (Hyperarousal) mit dauerhaft erhöhtem Puls und geringer Herzratenvariabilität führen. Das Herzinfarktrisiko ist um 50 % erhöht.

Als Beleg für die durchdringenden Effekte einer Insomnie kann die Veränderung der Darmflora (Mikrobiom) herangezogen werden, die insgesamt aus dem Gleichgewicht gerät und an gesunder Artenvielfalt einbüßt. Damit fallen vermehrt Entzündungsmoleküle (Zytokine) und ungesunde Stoffwechselprodukte an (Lipopolysaccharide, verzweigtkettige Aminosäuren), die sich negativ auf die Risiken für Diabetes, Adipositas, metabolischem Syndrom und wiederum auf den Schlaf auswirken.

Eine Reihe von Ursachen, Auslösern und aufrechterhaltenden Einflüssen prädestiniert im höheren Lebensalter zur Entwicklung einer chronischen Insomnie. Alle der in Abbildung 2.3 dargestellten Faktoren sind aber durch Aufklärung, Veränderung des Lebensstils, soziale und medizinische Unterstützung zu beeinflussen (▶ Abb. 2.3).

Paradoxe Insomnie (Pseudoinsomnie, Schlafhypochondrie, Fehlwahrnehmung des Schlafes, Insomnie; engl. paradoxical insomnia, sleep state misperception), dabei leiden die Patienten subjektiv stark unter einer vermeintlichen Insomnie, die sich jedoch objektiv nicht bestätigt. Frauen sind etwas häufiger betroffen, das Beschwerdebild ist nicht selten und die subjektive Wahrnehmung ist letztlich von entscheidender Bedeutung. Die Tagesform ist jedoch im Allgemeinen nicht so beeinträchtigt wie anhand der Beschwerdeschilderung zu erwarten. Die sorgfältige Protokollierung der Probleme in einem Schlaftagebuch kann der Störung dabei noch Vorschub leisten. Es ist denkbar, dass aufgrund physiologischer

2.1 Schlafstörungen im Alter

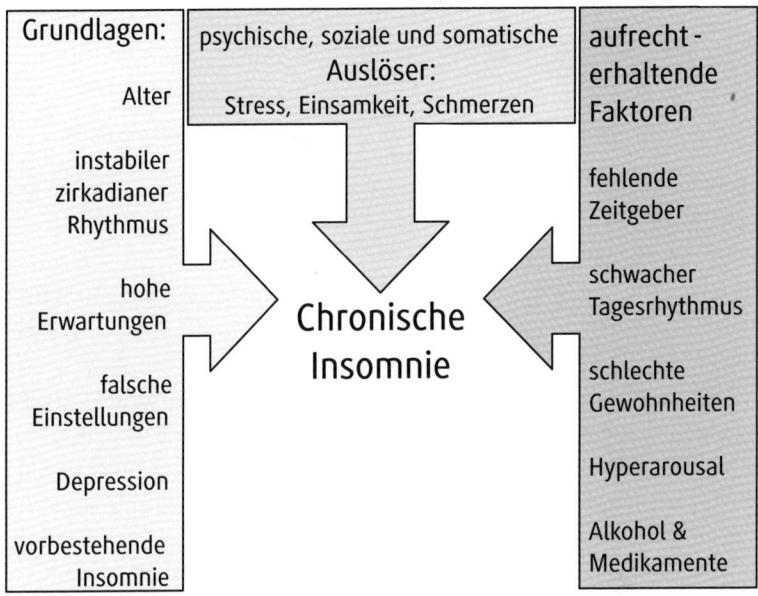

Abb. 2.3: Grundlagen, Auslöser und aufrechterhaltende Faktoren einer chronischen Insomnie im Alter

Besonderheiten wie leichter Erweckbarkeit und einer Verschiebung der Phasen zu leichtem Schlaf gerade die schlechten Momente einer Nacht mit kurzem Erwachen besser im Gedächtnis haften bleiben, als bei anderen, die sich einfach umdrehen und wieder einschlafen. Methodisch kommt das Problem hinzu, dass sich chronifizierte Schlafstörungen in einer anderen Umgebung, wie z.B. einem Schlaflabor, nicht mehr zeigen müssen, sondern an die häuslichen und gewohnt ärgerlichen Umstände gebunden sind. Je dramatischer die Schilderung, je größer die Verzweiflung und die Sorge um die eigene Gesundheit, desto größer der Verdacht, dass nicht allein die Schlafstörung, sondern andere Probleme eine Rolle spielen (Einsamkeit, Trauer, Angst, Depression), die möglicherweise mit noch größerem Erfolg angegangen werden können als die isolierte Schlafstörung.

2 Schlafstörungen und ihre Folgen

Die *psychophysiologische Insomnie* ist durch einen zu hohen dauerhaften Anspannungszustand bedingt, der auch nachts nicht nachläßst und das Einschlafen verhindert. Kreisende, sorgenvolle Gedanken lassen sich nicht abschalten.

Hypersomnie. Müdigkeit ist die natürliche Folge von Arbeit, Anstrengung, Erschöpfung und längerer Wachheit. Schläfrigkeit ist auch eine natürliche und gesunde Reaktion auf andauernden Stress, sei er geistig oder körperlich verursacht. Die Regeneration des Organismus wird erleichtert, wenn Ruhe und Schlaf erlauben, dass Energie und andere Ressourcen nach innen investiert und nicht nach außen verschleudert werden. Erschöpfung am Tag ist die typische Folge einer schweren Insomnie.

Man kann auch hier versuchen, die Ausprägung der Erschöpfung mit einer Skala einzuschätzen. Dabei wird z. B. gefragt, ob während der letzten Woche die Motivation unter der Müdigkeit gelitten hat; körperliche Bewegung zu einer raschen weiteren Ermüdung führte; längere körperliche Anstrengungen gar nicht möglich waren; die Leistung darunter objektiv gelitten hat; Aufgaben dadurch nicht erfüllt werden konnten; Arbeit, Familie und Lebensqualität darunter litten; und ob die Erschöpfung zu den größten Problemen der letzten Woche gehörte (modifiziert nach Valko et al., 2008).

Erhöhtes Schlafbedürfnis und Tagesmüdigkeit können Symptome einer langen Reihe von psychischen und körperlichen Erkrankungen sein, von denen jeder ältere Mensch im Laufe seines Lebens schon viele durchgemacht hat, von der banalen Infektion im Kindesalter über die Rekonvaleszenz nach einem chirurgischen Eingriff. Einige der anderen in diesem Abschnitt thematisierten Schlafstörungen können mit einer Hypersomnie am Tage verbunden sein, die nächtliche Insomnie, die Atemstörungen und die Bewegungsstörungen, soweit sie die Nachtruhe beeinträchtigen. Viele schwere körperliche Erkrankungen bedingen eine Tagesmüdigkeit: Herzinsuffizienz, Gefäßerkrankungen, Schilddrüsenunterfunktion (Hypothyreose), Diabetes mellitus, Erkrankungen der Leber, Niereninsuffizienz und Dialyse; Hirnverletzungen und Gehirnerkrankungen

2.1 Schlafstörungen im Alter

wie Morbus Parkinson und dessen Behandlung mit Dopaminagonisten; Muskelerkrankungen mit ausgeprägter Muskelschwäche; die Multimorbidität des hohen Lebensalters, und dazu kommt die Behandlung mit einer Vielzahl von Medikamenten. In diesem Zusammenhang besonders wichtige Medikamente sind in Tabelle 2.2 aufgeführt (▶ Tab. 2.2).

Besonders zu erwähnen ist die nicht selten an die dunkle Jahreszeit gekoppelte, *atypische Depression* mit erhöhtem Schlafbedürfnis, verlängerter Schlafzeit, schlechter Stimmung nach dem Aufstehen, die sich im Lauf des kurzen Tages bessert. Hypersomnie ist auch ein Merkmal lang dauernder, schwer verlaufender Formen der Psychosen aus dem schizophrenen Formenkreis, die gerade im Zusammenhang mit eventuell notwendigen Medikamenten die älteren Patienten besonders erschöpfen können (*Residualsyndrom*).

Ungewöhnliches Schlafverhalten mit Tagesmüdigkeit findet sich aber auch bei einer Reihe von Normvarianten: die Lerche mit der vorgezogenen Schlafphase und sehr frühem Aufstehen, die jedoch bereits am Nachmittag ermüdet; die Nachteule, welche spät zu Bett geht und am Morgen entsprechend länger ruht und höchstens wach, aber nicht frisch wird; Langschläfer mit überdurchschnittlichem Schlafbedürfnis (genuine Hypersomnie), das auch im höheren Alter erfüllt werden muss, um frisch zu erwachen.

Beim *chronischen Erschöpfungssyndrom* (chronic fatigue syndrome, CFS) handelt es sich um eine stressbedingte psychosomatische Erkrankung mit hohem Leidensdruck und veränderten Entzündungswerten, bei der sich vorwiegend jüngere Menschen als um viele Jahrzehnte vorgealtert fühlen.

Bei den Hypersomnien im engeren Sinn handelt es sich um eine Gruppe recht seltener Erkrankungen, die keinen engeren Bezug zum höheren Lebensalter aufweisen, z. B. das Prader Willi-Syndrom und das Kleine-Levin-Syndrom. Eine ebenfalls seltene (< 1 %), aber wichtige Erkrankung, die meist von Jugend an besteht, im Alter jedoch besondere Probleme aufwerfen kann, ist die

Narkolepsie. Narko-lepsie (altgr.) bedeutet »in den Schlaf fallen« und damit ist gemeint, dass die Betroffenen zwar den hohen, manchmal anfallsartig auftretenden Schlafdruck am Tag noch wahrnehmen, aber sich kaum dagegen zur Wehr setzen können – mit dem Effekt, oft mehrfach am Tag kurze Nickerchen einlegen zu müssen. Die Erkrankung wird häufig begleitet von Halluzinationen, die in den Schlaf hineinführen (hypnagoge Halluzinationen) und hinausgeleiten (hypnopompe Halluzinationen), während die Patienten nach dem Erwachen noch gar nicht imstande sind, sich zu bewegen (Schlaflähmung). Ein Teil der Patienten leidet unter einer Kataplexie, dem anfallsartigen Spannungsverlust der Muskulatur, meist im Bereich von Gesicht und Kiefer, aber auch an den unteren Extremitäten, sodass die Patienten stürzen. Ausgelöst werden diese weniger als zwei Minuten dauernden Lähmungen meist von Lachen (bei 90 %), Ärger (70 %) und Erschrecken (50 %). Eine wichtige Grundlage der Kataplexie ist der 90 %ige Verlust wachhaltender Orexin-Zellen im Hypothalamus.

Diagnostische Merkmale der Narkolepsie (MSLT = multipler Schlaflatenztest) sind:

- nahezu täglich exzessive Schläfrigkeit über mindestens 3 Monate,
- mit Kataplexie (Typ I)/ohne Kataplexie (Typ II),
- Bestätigung der Narkolepsie in Polysomnographie und MSLT,
- keine hinreichende Erklärung durch eine andere Erkrankung oder Medikamente.

In der Polysomnographie und im Schlaflatenztest fällt auf, dass vom Beginn der Ruhephase bis zum recht zuverlässigen Einschlafen weniger als 8 Minuten verstreichen und in der Hirnstromkurve zeigen sich gleich kurz nach dem Einschlafen REM-Phasen. Der Liquor cerebrospinalis enthält auffallend wenig wachhaltendes Orexin (▶ Kap. 1.3).

2.1 Schlafstörungen im Alter

Selbst wenn die Erkrankung seit langem besteht, stellt sich im höheren Alter gelegentlich die Frage, ob die Symptome der Kataplexie auch durch kurzzeitige Durchblutungsstörungen (transiente ischämische Attacken), zu niedrigen Blutdruck (orthostatische Hypotonie), Bluthochdruckkrisen, Hypoglykämie, zerebrale Anfälle oder eine Migräne mit Lähmungserscheinungen (hemiplegische Migräne) ausgelöst wurden. Noch ein Detail am Rande: Es gibt ernst zu nehmende Hinweise auf eine verminderte Alzheimer-Amyloid-Ablagerung bei Patienten mit einer Narkolepsie!

Nächtliche Atemnot

Schlafapnoe. Apnoe bedeutet ein Stoppen der Atmung und Hypopnoe bedeutet zu wenig Atmung (altgr. apnoa = Nicht-Atmung). Die nächtlichen Atempausen sind meist assoziiert mit erheblichen vegetativen Umstellungen mit einem Blutdruckanstieg in den peripheren und den Lungenarterien sowie Veränderungen der Hirndurchblutung. Puls und Blutdruck sinken nachts nicht mehr richtig ab. Längere Atempausen führen zu einer Weckreaktion mit schnellem Puls- und Blutdruckanstieg, Gefäßverengung, EEG-Umstellung von theta-delta- auf alpha-beta-Aktivität innerhalb von 5 Sekunden und nur verzögerter Rückkehr in den Schlaf mit danach teilweise stärker erniedrigtem Puls und Blutdruck (rebound). Tiefschlafphasen werden nicht, oder nur kurz erreicht.

Zwei Formen der schlafbezogenen Atemstörung werden unterschieden, die *obstruktive Schlafapnoe* (lat. obstruere = verbauen, versperren) mit lautem nächtlichem Schnarchen, Atempausen, Mundtrockenheit und morgendlichen Kopfschmerzen, Tagesmüdigkeit, Verstimmtheit, verminderter körperlicher und geistiger Leistungsfähigkeit, z. B. Gedächtnisstörungen. Dabei werden die Atemwege bei Einatmung vor allem in Rückenlage verengt durch einen zurückfallenden Schlund, der den Zugang zur Luftröhre verlegt (▶ Abb. 2.4). Auslöser oder verschlimmernde Faktoren sind Schlafmittel, Alkohol, Erkältungen und viele andere Veränderungen des Nasen-, Mund- und Rachenraumes oder der Luftröhre und Bronchien, wie z. B. chronisch obstruktive Atemwegserkrankungen. Die zirkadianen Rhythmen werden zerrüttet. Die Tag-Nacht-Verteilung der Urinproduktion wird gestört und auch jüngere Patienten leiden dabei unter nächtlichem Harndrang. Häufige internistische Begleit- und Folgeerkrankungen sind andere Atemwegserkrankungen, Bluthochdruck, Übergewicht, Diabetes mellitus, Hypothyreose, Depression, Migräne, Atherosklerose, Herzinsuffizienz, Herzrhythmusstörungen und -infarkt. Bei allen Patienten mit schwer einstellbarem Hypertonus muss auch an eine Schlafapnoe als Ursache gedacht werden.

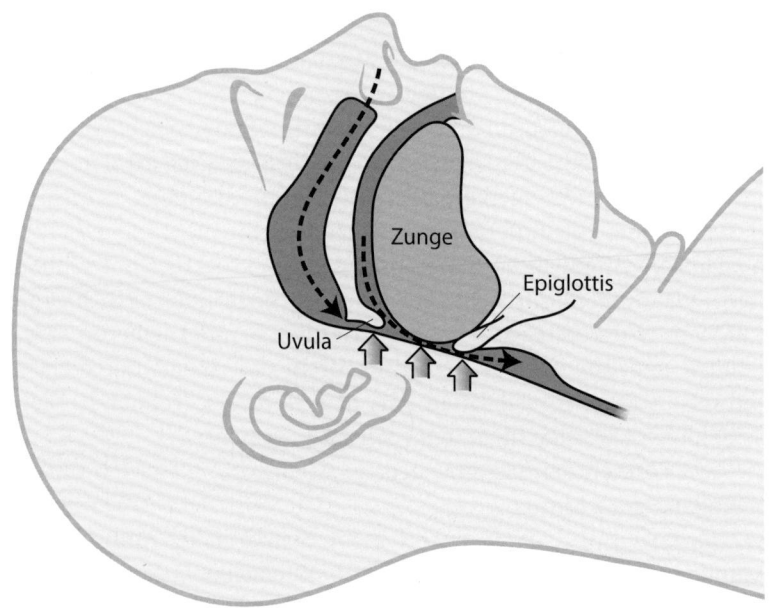

Abb. 2.4: Anatomie der Schlafapnoe (© Peter Palm)
Der Luftstrom durch Nase und Mund wird vor allem in Rückenlage durch ein schlaffes Zurücksinken von weichem Gaumen und Zäpfchen (Uvula), Unterkiefer und Zunge sowie Kehldeckel (Epiglottis) beengt («obstruiert»). Die Obstruktion wird zu einer kompletten Blockade, wenn bei großer Luftnot und dem Versuch einer forcierten Einatmung die Luftröhre komplett von der Epiglottis verschlossen wird.

2.1 Schlafstörungen im Alter

Die Häufigkeit der Schlafapnoe nimmt mit dem Alter zu, bei Männern etwas früher, bei Frauen etwas später. Zwei Drittel der älteren Männer und mehr als die Hälfte der älteren Frauen weisen Merkmale einer obstruktiven Schlafapnoe auf, die aber nicht in jedem Fall behandlungsbedürftig ist.

Daneben gibt es die seltenere *zentrale Schlafapnoe* mit Atempausen ohne Schnarchen bei einer Fehlsteuerung der Atemaktivität durch das Atemzentrum in Hirnstamm. Typische Ursachen und Begleiterkrankungen der zentralen Schlafapnoe sind Hirngefäßerkrankungen vor allem im Bereich des Hirnstamms, eine stark verminderte Herzleistung (Herzinsuffizienz) oder Nierenerkrankung sowie die Behandlung mit Schmerzmitteln, die den Atemantrieb senken können (Opiate).

Bei jedem Verdacht auf eine Schlafapnoe – und der Verdacht wird im höheren Alter eher zu selten ins Auge gefasst – muss der Versuch unternommen werden, die Auffälligkeiten genau zu erfassen, und zwar zunächst in Form einer systematischen Befragung (▶ Tab. 2.3).

Dabei werden drei Symptomgruppen unterschieden. Die Fragen 1 bis 5 gehören zur Kategorie I.; sie wird als »positiv« = verdächtig bewertet, wenn insgesamt 2 Punkte erreicht oder überschritten werden. Symptomgruppe II. besteht aus den Fragen 6 bis 8; auch diese Gruppe wird als verdächtig bewertet, wenn 2 oder mehr Punkte erreicht werden. Die Antwort auf Frage 9 sollte separat notiert und mit dem Patienten diskutiert werden. Kategorie III. besteht nur aus Frage 10. Sie wird als verdächtig eingestuft, wenn der Betreffende entweder einen hohen Blutdruck und/oder eine Adipositas (BMI > 30 kg/m^2) aufweist.

Insgesamt weisen die Antworten auf ein niedriges Schlafapnoe-Risiko hin, wenn der Wert gar nicht oder nur in einer Symptomgruppe verdächtig war. Das Schlafapnoe-Risiko wird als hoch bewertet, wenn sich in zwei oder mehr Symptomgruppen Verdachtsmomente ergeben.

Die Angaben von Patienten und deren Mitschläfern können im Schlaflabor überprüft werden. Die Polysomnographie erlaubt nicht

2 Schlafstörungen und ihre Folgen

Tab. 2.3: Schlafapnoe-Skala (modifiziert nach Netzer et al., 1999)

I.	1	Schnarchen Sie?	ja (1 Punkt)		weiß nicht	nein
	2	Falls ja, ist Ihr Schnarchen	lauter als reden (1 Punkt)		so laut wie reden (1 Punkt)	etwas lauter als zu atmen
	3	Wie oft schnarchen Sie?	fast jeden Tag (1 Punkt)	3–4 x pro Woche (1 Punkt)	1–2 x pro Woche	1–2 x pro Monat	fast nie
	4	Hat Ihr Schnarchen jemals andere Leute gestört?	Ja (1 Punkt)		weiß nicht	nein
	5	Hat jemand bemerkt, dass Sie im Schlaf aufhören zu atmen?	fast jeden Tag (2 Punkte)	3–4 x pro Woche (2 Punkte)	1–2 x pro Woche	1–2 x pro Monat	fast nie
II.	6	Wie oft fühlen Sie sich müde und erschöpft nach dem Schlafen?	fast jeden Tag (1 Punkt)	3–4 x pro Woche (1 Punkt)	1–2 x pro Woche	1–2 x pro Monat	fast nie
	7	An wie vielen Tagen fühlen Sie sich müde, erschöpft und nicht leistungsfähig?	fast jeden Tag (1 Punkt)	3–4 x pro Woche (1 Punkt)	1–2 x pro Woche	1–2 x pro Monat	fast nie
	8	Sind Sie jemals eingenickt oder beim Autofahren eingeschlafen?	Ja (1 Punkt)				nein

Tab. 2.3: Schlafapnoe-Skala (modifiziert nach Netzer et al., 1999) – Fortsetzung

		fast jeden Tag	3–4 x pro Woche	1–2 x pro Woche	1–2 x pro Monat	fast nie
9	Falls ja, wie oft ist das passiert?					
III.						
10	Haben Sie hohen Blutdruck (oder einen BMI über 30)?	ja		weiß nicht		nein

2 Schlafstörungen und ihre Folgen

nur die Aufzeichnung des EEG, sondern auch der Bewegungen von Brust und Bauch, des Luftstroms durch die Nase, der arteriellen Sauerstoffsättigung und der Schnarchgeräusche. Bei 5 bis 15 Atempausen pro Stunde spricht man von einer leichten, bei 15 bis 30 von einer mittelschweren und bei mehr als 30 von einer schweren schlafbezogenen Atemstörung. Voraussetzung für die Diagnose einer Schlafapnoe ist also ein sogenannter Apnoe-Hypopnoe-Index (AHI) von 5 oder mehr. Risikofaktoren für einen höheren AHI sind Alter, Bluthochdruck und Übergewicht. Andere Hinweise auf die Ausprägung und Behandlungsbedürftigkeit der Schlafapnoe sind Körpergewicht beziehungsweise BMI, die Anatomie von Hals, Unterkiefer und Rachen, hierbei vor allem die Größe des Zäpfchens (Uvula).

Menschen mit einer Schlafapnoe sind durch Alkohol, Schlaf- und Beruhigungsmittel in hohem Maß gefährdet. Dabei ist der verzweifelte Wunsch, endlich einmal richtig schlafen zu können, bei Patienten mit schwerer Schlafapnoe besonders gut nachvollziehbar. Das nächtliche Erwachen im letzten Moment ist aber gerade für sie lebensrettend.

Bewegungs- und Verhaltensstörungen

Ruhelose Beine (restless legs syndrome, Willis-Ekbom-Krankheit) verhindern das Ein- und Durchschlafen durch Kribbeln und Unruhe in Unter- und Oberschenkeln und können wegen des Schlafmangels zu verminderter Lebensqualität bis hin zu depressiven und Angsterkrankungen führen. Die Krankheit kann früh, etwa bei einer Schwangerschaft, beginnen; dann spielen meist genetische Faktoren oder Eisenmangel einer Rolle. Zehn Prozent der Bevölkerung sind insgesamt betroffen, Frauen deutlich mehr als Männer, und die Häufigkeit nimmt mit dem Alter zu.

Ameisenlaufen, Jucken, Brennen oder Kratzen nehmen in den Beinen, seltener auch an den Armen und sehr selten am Rumpf typischerweise gegen Abend und in Ruhe zu oder machen sich spä-

2.1 Schlafstörungen im Alter

testens nach dem Zubettgehen bemerkbar. Beim Aufstehen, nächtlichen Herumlaufen und Massieren der Beine oder anderen Ablenkungen werden die Beschwerden leichter, sodass den Betroffenen oft nichts anders übrig bleibt, als die Bettruhe zu unterbrechen.

Notwendige Merkmale der »ruhelosen Beine« (restless legs syndrome) sind:

- Drang, die Beine zu bewegen, meist verursacht oder begleitet von einem unangenehmen Gefühl in den Beinen,
- dieser Bewegungsdrang oder das unangenehme Gefühl nehmen in Ruhe, also beim Sitzen und Liegen zu,
- Drang und Gefühle nehmen bei Bewegung, also beim Strecken oder Gehen ab,
- sie verschlechtern sich oder treten erst am Abend oder in der Nacht auf,
- diese Symptome sind nicht allein Ausdruck einer anderen Erkrankung wie Krampfadern (Varikosis), Knöchel- und Unterschenkelschwellung (Ödeme), Muskelschmerzen und -krämpfe, Gelenkentzündungen (Arthritis, Rheuma), lagebedingte Beinschmerzen, Bewegungsmangel, andere habituelle oder neurologische Bewegungsstörungen.

Merkmale, die für ein Restless Legs Syndrom sprechen, aber nicht essentiell sind:

- Periodische Beinbewegungen im Schlaf oder im Wachzustand (siehe dort),
- Symptombesserung nach Behandlung mit Dopamin,
- ähnliche Symptome bei Angehörigen ersten Grades,
- Fehlen einer ausgeprägten Tagesmüdigkeit.

Abgegrenzt werden muss die Erkrankung also von orthopädischen Problemen («Bandscheibe, Ischias«), »Nervenentzündungen« (Polyneuropathien), Schmerzen aufgrund von »Krampfadern« (Varizen) oder einer Gelenkentzündung (Arthritis), nächtlichen Muskelkrämpfen, Anschwellungen der Beine (Beinödemen) infolge einer Herzschwäche, Schmerzen und Bewegungsunruhe infolge einer Gefäßerkrankung, Medikamenten-verursachtem Bewegungsdrang (Akathisie) oder psychischen Störungen.

Als Auslöser der Symptomatik sind bekannt Kaffee, Nikotin, trizyklische Antidepressiva, selektive Serotonin-Wiederaufnahme-Hemmer (SSRI), Lithium und Antipsychotika (Dopamin-Antagonisten). Besonders ärgerlich ist das Auftreten einer Restless Legs-Symptomatik infolge einer Behandlung mit niedrigen Mengen des Antidepressivums Mirtazapin, das sich ansonsten gut als schlaffördernde Substanz eignen würde.

Bei alten Menschen mit kognitiven Defiziten müssen indirekte Indizien für ein RLS bewertet werden. Dazu zählen unter anderem Stöhnen; Reiben und Massieren der Beine; große motorische Unruhe mit Laufen, Treten, Herumzappeln, Hin- und Herwälzen, Strampeln vor allem in Ruhephasen gegen Abend und vor allem beim Sitzen oder Liegen, im Extremfall die Unfähigkeit zu sitzen oder zu liegen. Sichtliche Abnahme der Beschwerden bei einsetzender Bewegung.

Risikofaktoren für das Auftreten von Restless Legs sind sitzender Lebensstil, Übergewicht, Diabetes mellitus, fortgeschrittene Nierenerkrankungen, Polyneuropathie und ein niedriger Serum-Ferritin-Spiegel, als Hinweis auf einen Eisenmangel.

Die genauen Ursachen der Restless Legs sind nicht ganz geklärt. Es ist davon auszugehen, dass die Bewegungs-relevanten Areale in Basalganglien und Rückenmark daran beteiligt sind. Dabei spielen auch erbliche Faktoren eine Rolle, da vor allem bei jüngeren Patienten viele Angehörige ersten Grades von den gleichen Problemen betroffen sind. Der Eisenstoffwechsel ist von Bedeutung, da die Störungen bei Eisenmangel nachweislich häufiger auftreten (bei einem Viertel der Patienten mit Eisenmangel) und sich bessern, wenn es gelingt dieses Defizit auszugleichen.

Periodische Bein- oder Armbewegungen (engl. periodic limb movements during sleep = PLMS; nächtlicher Myoklonus) finden sich

2.1 Schlafstörungen im Alter

Tab. 2.4: Schweregrad der Restless Legs-Symptomatik (modifiziert nach Allen et al., 2014)

Ihre RLS-Beschwerden ...	0	1	2	3	4
... schätzen Sie wie stark an Armen und Beinen ein?	keine	leicht	mäßig	deutlich	schwer
... verursachen wie starken Drang sich zu bewegen?	gar nicht	leicht	mäßig	deutlich	schwer
... werden wie gut durch die Bewegung gelindert?	-/-	(fast) vollständig	mäßig	ein wenig	gar nicht
... haben Ihren Schlaf wie stark gestört?	gar nicht	leicht	mäßig	deutlich	sehr
... haben wie starke Müdigkeit und Schläfrigkeit am Folgetag verursacht?	gar nicht	leicht	mäßig	deutlich	sehr
... waren insgesamt wie stark?	keine	leicht	mäßig	deutlich	sehr
... sind wie oft aufgetreten?	gar nicht	selten (an 1 Tag pro Woche)	manchmal (an 2 bis 3 Tagen pro Woche)	häufig (an 4 bis 5 Tagen pro Woche)	fast ständig (an 6 bis 7 Tagen pro Woche)
... waren im Durchschnitt wie stark?	-/-	leicht bis zu 1 Stunde am Tag	mäßig, 1 bis 3 Stunden pro Tag	deutlich, 3 bis 8 Stunden pro Tag	schwer, 8 und mehr Stunden am Tag
... haben sich wie sehr auf Ihre Leistungsfähigkeit im Alltag ausgewirkt?	gar nicht	leicht	mäßig	deutlich	stark

Tab. 2.4: Schweregrad der Restless Legs-Symptomatik (modifiziert nach Allen et al., 2014) – Fortsetzung

Ihre RLS-Beschwerden ...	0	1	2	3	4
... haben Ihre Stimmung wie stark beeinträchtigt (traurig, niedergeschlagen, ängstlich, reizbar, wütend)?	gar nicht	leicht	mäßig	deutlich	stark

2.1 Schlafstörungen im Alter

bei mehr als 50 % der älteren Menschen und bei fast allen Patienten mit Restless Legs. Betroffen sind vor allem Großzehen und Füße, selten auch die Knie, die gelegentlich oder in Serie, z. B. über ein bis zwei Stunden, ein- bis zweimal pro Minute nach oben zucken. Zum Aufwachen führt dies nur bei stärkerer Symptomatik, die vor allem bei älteren Frauen auftritt. Das Auftreten wird durch die Einnahme von Antidepressiva begünstigt.

Merkmale der relevanten Periodischen Bein- (und Arm-) Bewegungen im Schlaf sind:

- Repetitive, stereotype Bewegungen, die sich in der Polysomnographie nachweisen lassen,
- PLMS-Index übersteigt 15 pro Stunde,
- der Schlaf ist dadurch gestört oder es besteht Tagesmüdigkeit,
- keine andere Schlafstörung, psychische, neurologische oder medizinische Erkrankung kann die Symptome besser erklären.

Bei einer polysomnographisch festgestellten PLMS-Häufigkeit über 15 pro Stunde und subjektiver Belastung soll die Störung behandelt werden, zumal die Belastungen durch Restless Legs und Periodische Bein- und Armbewegungen meist Hand in Hand gehen. Die periodischen Arm- und Beinbewegungen finden sich auch gehäuft gemeinsam mit nächtlichen Atemstörungen.

Harmlose Varianten der rhythmischen nächtlichen Bewegungen sind der *hypnagoge Fußtremor* (hypnagogic foot tremor, HFT) und die *alternierende Beinmuskelaktivierung* (alternating leg muscle activation, ALMA) mit meist einseitigen Bewegungen von Zehen oder Füßen beim Einschlafen, Aufwachen oder im leichten Schlaf (N1 und N2), die meist nur zufällig bei der Polysomnographie registriert werden. Sie sind nicht selten mit anderen Bewegungs- oder Atmungsstörungen kombiniert und können durch Medikamente

69

(Antidepressiva) verstärkt werden. Chronische *Einschlafzuckungen* (propriospinaler Myoklonus, propriospinal myoclonus at sleep onset, PSM) an Hals und Rumpf können subjektiv durchaus wahrgenommen werden, von akustischen und optischen Wahrnehmungen begleitet sein und das Einschlafen verzögern – vor allem wenn man anfängt, sich Sorgen zu machen, dass es sich um eine Epilepsie handeln könnte.

Eine seltene Bewegungsstörung ist die *isolierte Schlaflähmung*, bei der nach dem Erwachen erst mit längerer Verzögerung die Willkürbewegungen eingeschaltet werden. Sie tritt ansonsten bevorzugt in Kombination mit den anderen Symptomen der Narkolepsie auf.

Abzugrenzen sind reine nächtliche Missempfindungen und Schmerzen aufgrund umschriebener (z. B. Druckstellen) oder verbreiteter Nervenläsionen (Polyneuropathien).

Nächtliche Verhaltensstörungen. Bei den oben beschriebenen Störungen handelt es sich um einfache Bewegungsabläufe, ein Zucken oder Zittern, höchstens gefolgt von dem Entschluss aufzustehen und herumzulaufen. Bei den nun folgenden Erkrankungen zeigen die Patienten umfangreichere Abläufe, bei denen nicht nur kleine Teile des Bewegungsapparates, sondern der ganze Mensch beteiligt ist – wenngleich nicht mit eigener Absicht. Diese Phänomene werden unter dem Begriff »Parasomnien«, »andersartige« Schlafstörungen zusammengefasst. Dazu gehören unter anderem die REM-Schlafverhaltensstörung, Albträume, Pavor nocturnus (nächtliche Panikattacke, häufig bei Kindern), Zähneknirschen, Sprechen im Schlaf und Schlafwandeln.

REM-Schlafverhaltensstörung. Die REM-Schlafverhaltensstörung (REM-sleep-behavior disorder) tritt zumeist im letzten Drittel der Nacht auf, wenn die REM-Phasen am ausgeprägtesten sind (▶ Abb. 1.2). Während im REM-Schlaf außer den Augenbewegungen normalerweise alle Bewegungen abgeschaltet sind, agieren die Patienten mit der REM-Schlafverhaltensstörung ihre Träume zum Teil aggressiv aus. Raufereien und Flucht finden im Bett statt

2.1 Schlafstörungen im Alter

und dabei können die Patienten selbst und die Mitschläfer in Mitleidenschaft gezogen werden. Die Patienten können dabei erwachen und sich meist unmittelbar an die Träume erinnern.

Merkmale der REM-Schlafverhaltensstörung sind:

- REM-Phase ohne die übliche Muskelentspannung,
- Ausagieren der Träume, oft mit Selbst- oder Fremdgefährdung,
- kein Hinweis auf einen zerebralen Anfall,
- nicht verursacht durch eine andere Erkrankung oder Drogen.

Die REM-Schlafstörung tritt selten in jüngeren Jahren auf (Schenck-Syndrom), beginnt meist im höheren Alter und kann eine beginnende Parkinson-Krankheit oder eine ähnliche neurodegenerative Erkrankung ankündigen. Kern des Problems ist vermutlich eine früh betroffene, kleine, komplizierte Nervenzellgruppe im Hirnstamm (Nkl. pedunkulopontinus; ▶ Abb. 1.4), die direkt mit vielen anderen Kernen in Hirnstamm und Basalganglien verknüpft ist und diese normalerweise im REM-Schlaf still schaltet. Es gibt eine Reihe von Faktoren, die das Auftreten von REM-Schlafstörungen begünstigen (▶ Tab. 2.5).

Die REM-Schlaf-Verhaltensstörung muss von einer Reihe gelegentlich ähnlich anmutender Probleme unterschieden werden, etwa den nächtlichen Atem- und Bewegungsstörungen.

Albträume entstehen aus den REM-Phasen im letzten Drittel der Nacht; damit ähneln sie der REM-Schlafstörung. Wie bei der REM-Schlafstörung kann man sich auch an den Inhalt der Albträume meist erinnern, sie nehmen jedoch im Lauf des Lebens eher ab, während die REM-Schlafstörungen typischerweise im Alter beginnen und häufig einer neurodegenerativen Erkrankung vorausgehen (▶ Abb. 2.5).

Tab. 2.5: Begünstigende Faktoren einer REM-Schlafverhaltensstörung

Faktor	Beispiele
Medikamente	Bisoprolol, trizyklische Antidepressiva, selektive Serotonin-Wiederaufnahme-Hemmer, Mirtazapin, Venlafaxin, MAO-Hemmer (Kaffee und Schokolade in großer Menge)
Entzug	Absetzen von Alkohol, Amphetaminen, Benzodiazepinen, Barbituraten, Kokain, Lamotrigin
neurodegenerative Erkrankungen	«alpha-Synukleopathien«, z. B. Demenz mit Lewy-Körperchen, Parkinson-Krankheit, Multisystematrophien; Alzheimer Krankheit und Demenz, frontotemporale Degenerationen, progressive supranukleäre Parese
Hirngefäßerkrankungen	Hirnstamminfarkte
andere Erkrankungen	Narkolepsie, Multiple Sklerose, limbische und Hirnstammenzephalitiden, Guillain-Barre-Syndrom, Krebserkrankungen, ...

Wie die Bezeichnung *Schlafwandeln* (Somnambulismus) bereits verrät, stehen die Patienten im Gegensatz zu REM-Schlaf-Verhaltensstörungen und Albträumen meist auf, wirken wie hypnotisiert, machen sich irgendwie in ihrer Umgebung zu schaffen und sind schwer erweckbar. Zwar sind gewisse Automatismen noch verfügbar, jedoch bewegen sich die Betroffenen keineswegs mit »schlafwandlerischer Sicherheit«, sondern müssen unbedingt geschützt werden. Im höheren Lebensalter wird vor allem über Schlafwandeln unter Medikamenteneinfluss berichtet. Über neue Varianten seltsamer nächtlicher Verhaltensauffälligkeiten wurde zunächst in den USA beobachtet, nämlich das unbeabsichtigte *Schlafessen* (night eating disorder) und *Schlaffahren* (night driving, sleep driving) unter dem Einfluss von Schlafmitteln (Z-Substanzen, Orexin-Antagonisten; ▶ Tab. 2.6).

Harmlosere, kleine Varianten der nächtlichen Verhaltensstörungen sind das Zähneknirschen (*Bruxismus*), das Reden im Schlaf

2.1 Schlafstörungen im Alter

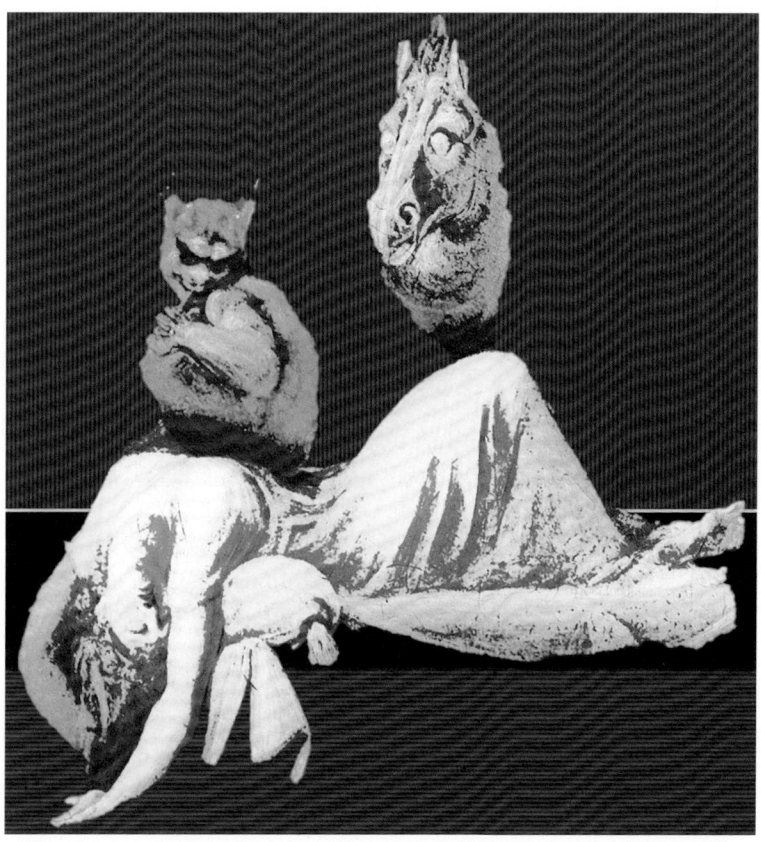

Abb. 2.5: Der Albtraum[10]
Dieses Bild illustriert mehrere bezeichnende Aspekte schlechten Schlafes: den Albtraum, das angsterregende Gefühl, von einer Nachtmahr (Mähre) mit glühenden Augen bedroht zu werden; die Enge auf der Brust, möglicherweise infolge unzweckmäßiger Kleidung, einer begin-

---

10 nach einer Version der Nachtmahr (engl. nightmare) von Johann Heinrich Füssli (= Henry Fusell; 1741, Zürich, bis 1825, London). Das Bild traf den Nerv der schwarzen Romantik so sehr, dass Füssli seit 1780 mehrere Variationen und Kopien anfertigte. Die tiefere Bedeutung einer erotisch anmutenden Pose braucht in einem Buch über Schlaf im Alter nicht mehr kommentiert zu werden.

73

nenden Herzerkrankung oder einer Schlafapnoe, hier von einem hämischen Gnom symbolisiert; schlechte Schlafposition mit einem Gefühl des hilflosen Ausgeliefertseins; der Unfähigkeit, konsequent das Bett zu verlassen.

(*Somniloquie*) und das nächtliche orgastische Grunzen (*Katathrenie*). Psychische Belastungen können dabei gelegentlich eine Rolle spielen, aber der Schaden hält sich in engen anatomischen und sozialen Grenzen (▶ Tab. 2.6; wenngleich Ausnahmen besungen wurden[11]).

Nächtliche epileptische Anfälle (schlafbezogene hypermotorische Epilepsie) treten meist am Übergang der Schlafphasen N1 und N2 auf, während derer das Gehirn leichter erregbar ist. Sie beginnen oft früh im Leben, laufen stereotyp ab und dauern meist weniger als eine Minute, können sich aber pro Nacht vielfach wiederholen. Erste Anfälle im Alter können durch vaskuläre, neurodegenerative und viele andere Hirn-, Stoffwechselerkrankungen oder andere Erkrankungen (z. B. Alkoholismus, Schlafmittelentzug) bedingt sein und erfordern eine dringliche Diagnostik. Schlafmangel und damit fast alle Schlafstörungen können die Anfallsgefährdung bei disponierten Patienten erhöhen. Gleichzeitig können Medikamente gegen zerebrale Anfälle (Antiepileptika) den Schlaf beeinflussen und müssen genau an die individuellen Bedürfnisse angepasst werden.

Die *Non-REM-Parasomnien* entstehen aus dem Tiefschlaf (N3) im ersten Drittel des Nachtschlafes mit unvollständigem Erwachen und unterschiedlichen Verhaltensauffälligkeiten. *Pavor nocturnus* (nächtlicher Angstanfall, night-terror) betrifft meist Kinder, nimmt mit den Jahren ab, dauert etwas mehr als eine Minute und geht mit starker vegetativer Erregung einher, irgendwelche Trauminhalte werden aber nicht erinnert. Die Reaktion auf Weckversuche

---

11 Crystal Gayle (1977) Talking in Your Sleep: »Three o'clock in the mornin' / And it looks like it's gonna be / Another sleepless night / I've been listenin' to your dreams / And gettin' very low / Wond'rin' what I can do ...«

2.1 Schlafstörungen im Alter

ist meist unangemessen, da die Betroffenen gar nicht verstehen, worum es geht und was los war (▶ Tab. 2.6).

Nicht verwechselt werden darf der Pavor nocturnus vorwiegend jüngerer Menschen mit der *senilen Nyktophobie*, der ängstlichen Aversion älterer Menschen vor der nächsten Nacht. Grundlage ist meist eine chronifizierte Schlafstörung.

Ähnlich wie der Pavor nocturnus wirkt das *verwirrte Erwachen* (confusional arousal) der Erwachsenen: die Betroffenen verlassen das Bett nicht, wirken ratlos, sind durcheinander, »umnachtet«, aber nicht von Angst ergriffen.

Davon zu unterscheiden ist die *Posttraumatische Stresserkrankung* (Abk. PTSD), bei der belastende Ereignisse wieder und wieder nacherlebt werden und sogar in den Schlaf eindringen.

Tab. 2.6: Häufigkeit von Parasomnien in der Allgemeinbevölkerung während der gesamten Lebenszeit und zum aktuellen Zeitpunkt. Parasomnien nehmen bei unregelmäßigem Schlaf-Wach-Rhythmus, Alkoholismus und Nikotinismus zu (z. B. Schichtarbeit), einige sind mit depressiven Störungen assoziiert und nehmen – mit Ausnahme der REM-Schlafstörung – meist im Alter ab (modifiziert nach Bjorvatn et al., 2010 ff.).

	Lebenszeit	aktuell	Depression	Schlafphase
Sprechen im Schlaf (Somniloquie)	67 %	18 %		N3/REM
Albtraum	66 %	19 %	+	REM
Grunzen (Katathrenie)	31 %	14 %		REM
Schlafwandeln (Somnambulismus)	23 %	2 %		N3
verwirrtes Erwachen (confusional arousal)	19 %	7 %	+	N3
Zähneknirschen (Bruxismus)		6 %		N2
Nachtangst (Pavor nocturnus)	10 %	3 %	+	N3
Essen im Schlaf (night eating)	5 %	2 %		?

2.2 Schlafstörungen als Folge bestimmter Erkrankungen: Innere Organe – Nervensystem – Psyche

Europaweit nehmen die gesunden Jahre zu. Merkmal des älteren Menschen in der Medizin ist aber die Multimorbidität, also das Vorhandensein mehrerer Erkrankungen in einer Person, und erst damit wird er zu einem »geriatrischen Patienten«. Dieses biologische Alter ist also nicht mit dem chronologischen Alter gleichzusetzen. Versorgungsdaten aus der Allgemeinpraxis zeigen den Anstieg der körperlichen Erkrankungen und der verordneten Medikamente mit dem Alter (▶ Abb. 2.6). Berücksichtigt man jene, die es (noch) nicht nötig haben sich in der Allgemeinpraxis behandeln zu lassen, so würden die Kurven noch steiler verlaufen.

Was nun folgt ist eine Übung in Multimorbidität und, um dies gleich vorwegzunehmen, damit sich der Leser diesen Eindruck nicht selbst erarbeiten muss: vieles hängt mit vielem (wenngleich nicht unbedingt alles mit allem, aber fast) zusammen, daher die höfliche Bitte, Wiederholungen und Überschneidungen in Kauf zu nehmen. Schlafstörungen nehmen mit dem Alter zu. Dass diese und weitere altersassoziierte Erkrankungen daher aller Wahrscheinlichkeit nach häufig zusammentreffen, ist also zu erwarten. Die Frage bleibt, wie viel sie miteinander zu tun haben. Dabei gilt grundsätzlich: Chronische Schlafprobleme steigern erstens die Gefahr für weitere Erkrankungen und zweitens das Risiko für deren ungünstigen Verlauf.

Innere Organe

Ganz vorne bei den körperlichen Erkrankungen der älteren Allgemeinbevölkerung liegt der Bluthochdruck mit mehr als 50 %, Augenerkrankungen mit über 30 %, gefolgt von Herz- und Gelenkserkrankungen sowie Rückenschmerzen (jeweils mehr als 25 %), Dia

2.2 Schlafstörungen als Folge bestimmter Erkrankungen

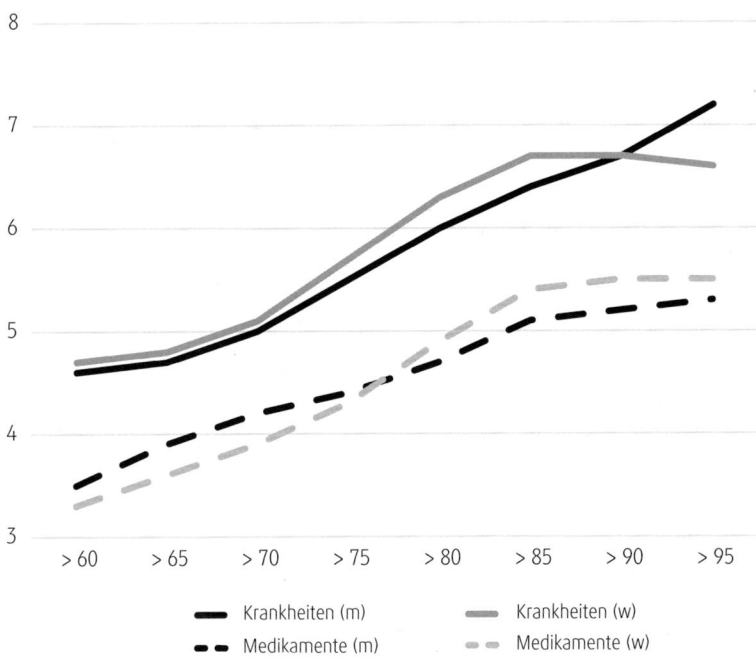

Abb. 2.6: Die Durchschnittswerte der gestellten Diagnosen (durchgezogene Linien) und der verordneten Medikamente (gestrichelte Linien) in der Allgemeinpraxis nehmen mit dem Alter zu (schwarz = Männer; grau = Frauen; Kostev et al., 2018).

etes mellitus, urologischen Problemen, Lungenerkrankungen (über 10 %), Erkrankungen der Verdauungsorgane, Schlaganfall, Krebs- und Lebererkrankungen. Die Art, Zahl und Schwere der Erkrankungen bedingt die körperlichen und geistigen Folgen bis zu Immobilität, Gebrechlichkeit und verminderter Lebenserwartung. Störungen des Schlafes sind wesentliche Folgen, die gleichzeitig wesentliche Rückwirkungen auf Organfunktion und Erkrankungen ausüben.

Bluthochdruck (Hypertonus). Blutdruck und Puls nehmen normalerweise auch im Alter während des Schlafes ab. Der Organismus ist nicht mehr kampf- oder fluchtbereit auf der Suche nach Nahrung, sondern widmet sich von Kopf bis Bauch den Eingeweiden. Die normale Absenkung des systolischen Blutdrucks um 10–20 % wird als Dipping bezeichnet (engl. für Eintauchen). Ist dieses Dipping vermindert, so ist das Risiko für Herz-Kreislauf-Komplikationen wie koronare Herzerkrankung und Herzinfarkt, aber auch Schlaganfall und schließlich Sterblichkeit erhöht. Ein typischer Anlass für »nicht-Dipping« ist die Aufnahme ins Krankenhaus mit der entsprechenden Anspannung (▶ Tab. 2.7). Deutlich höher ist das Risiko bei inversem Dipping, also einem nächtlichen Blutdruckanstieg. Am höchsten aber ist das Risiko bei extremem Dipping und einem Blutdruckabfall von mehr als 30 %. Das sind diejenigen Patienten, deren Blutdruck perfekt für den Moment in der ärztlichen Praxis eingestellt ist, nicht aber für die nächtliche Umgebung zuhause! Besonders ein lange vorbestehender Bluthochdruck liefert ungünstige Voraussetzungen für eine strenge Behandlung mit Blutdrucksenkern, da die Organe, vor allem das Gehirn, bei einem normalisierten Blutdruck nicht mehr richtig arbeiten (Bedarfshochdruck). Es gibt Apparate zur Messung des Blutdrucks über 24 Stunden, mit deren Hilfe ein zu niedriger nächtlicher Blutdruck erkannt werden kann.

Tab. 2.7: Die Abnahme des tagsüber gemessenen Blutdrucks im Schlaf (als Vergleichswert wird meist der systolische Blutdruck aus dem ambulanten Blutdruckmonitoring herangezogen)

Bezeichnung	Merkmal
Inverses Dipping (inverted dipper)	nächtlicher Blutdruckanstieg
Nicht-Dipping (non-dipper)	minus 0–10 %
Normales Dipping	minus 10–20 %
Extremes Dipping (overdipper)	mehr als minus 20 %

Ähnlich erschöpft wie Patienten mit einem nächtlich zu niedrigen Blutdruck erwachen Patienten mit Schlafapnoe. Sie leiden häufig

2.2 Schlafstörungen als Folge bestimmter Erkrankungen

unter Bluthochdruck, zeigen kein Dipping oder sogar einen nächtlichen Druckanstieg meist bei wiederholten Weckreaktionen. Auch hier empfiehlt sich ein Langzeit-EKG mit Blutdruckmessung zur Diagnose. Seltsamerweise ist der Blutdruck bei Patienten, die vor 21:00 ins Bett gehen, im Schnitt höher. Der Versuch, die Anspannung mit Benzodiazepinen zu behandeln, kann Puls, systolischen und diastolischen Blutdruck durchaus senken – allerdings kann auch genau das Gegenteil passieren.

Herzerkrankungen. Der Vagusnerv lockert nachts die Zügel des Sympathicus und gewährt dem Herzen mehr Spontaneität. Die sogenannte Herzratenvariabilität nimmt zu, der Herzschlag wird unregelmäßiger und dies ist unter gesunden Umständen nachweislich von Vorteil. Dabei sind noch einige Hintergründe unklar, aber stark vereinfacht gilt: größere Herzratenvariabilität – bessere Gesundheit. Ein Problem im Alter ist der nachlassende nächtliche Einfluss des Vagus mit der Folge einer geringeren Herzratenvariabilität und dafür gehäuft ungesunden Weckreaktionen.

Insomnie und vor allem obstruktive Schlafapnoe erhöhen das Risiko für Herzrhythmusstörungen, Erkrankungen der Herzkranzgefäße und Herzinsuffizienz, welche wiederum einen negativen Einfluss auf die Schlafstörungen ausüben. Gerade wenn sich chronisch obstruktive Lungenerkrankungen und Schlafapnoe überlagern («overlap-Syndrom»), kann die Luftnot während der REM-Phasen bei gleichzeitigem Blutdruckanstieg zu einer Minderversorgung des Herzmuskels, Vasospasmus, Angina pectoris und Weckreaktion führen. Über die Zeit bedingen Schlafapnoe, koronare Herzerkrankung, Übergewicht, verminderte Sauerstoffversorgung und dauerhafte Entzündungsvorgänge weitere Komplikationen an Herz, Hirn und anderen Organen. Die verminderte nächtliche Förderleistung des Herzens (Herzinsuffizienz) bedingt eine Veränderung der Schlafarchitektur mit reduzierter Schlafzeit, vermindertem Tiefschlaf und Tagesmüdigkeit. Falls die Schlafapnoe zu den Symptomen beiträgt, lohnt sich ein CPAP-Behandlungsversuch.

2 Schlafstörungen und ihre Folgen

Lunge. Jeder, der eine akute Bronchitis durchgemacht hat und jeder, der die Atemnot eines Patienten mit chronischem Lungenemphysem kennt, versteht, dass Lungenerkrankungen zu Schlafstörungen führen. Nächtliche Entspannung im Vagotonus bedingt eine Verengerung der Atemwege mit entsprechender Atemnot, die Patienten aus dem Schlaf reißt. Entsprechende Notfälle treffen im Krankenhaus typischerweise gegen 03:00 Uhr morgens ein. Wie bei den Herzerkrankungen erwähnt, ist die nächtliche Hypoxie der chronisch obstruktiven Atemwegserkrankung (COAD) während der REM-Phasen besonders ausgeprägt und kann zur Arrhythmie führen. Gerade das overlap-Syndrom mit gleichzeitig bestehender Schlafapnoe fördert einen Bluthochdruck im Lungenkreislauf (pulmonale Hypertonie durch den alveolo-vaskulären Reflex) mit weiterer Verschlechterung der Sauerstoffsättigung. Auch bei einem degenerativen Umbau der Lunge, der Lungenfibrose, sind Gasaustausch und Atemregulation beeinträchtigt mit der Folge verminderten REM- und Tiefschlafs mit häufigem Erwachen.

Therapeutisch müssen die Vor- und Nachteile von aktivierender Theophyllin- und Stimulanziengabe sorgfältig abgewogen werden. Zwei bis vier Liter Sauerstoff pro Minute können den Tiefschlaf bei COAD verbessern.

Magen und Darm. Die Refluxösophagitis ist die am häufigsten beklagte nächtliche Störung aus dem Magen-Darm-Trakt. Säure und Speisebrei fließen aus dem Magen in die ungeschützte Speiseröhre zurück, wenn der untere Verschluss der Speiseröhre beim Einschlafen erschlafft und der Druck im Magen zu groß ist. Dies ist vor allem in der Tiefschlafphase und beim Ausatmen der Fall. Häufigste Ursachen sind zu große, zu späte Mahlzeiten sowie Adipositas bei gleichzeitiger Schlafapnoe. Häufigste Symptome sind Einschlafstörungen oder Erwachen mit Schmerzen, Hustenanfällen und Verschlucken. Frühere und kleinere Mahlzeiten, Hochlagern des Oberkörpers im Bett und Gewichtsreduktion können helfen.

2.2 Schlafstörungen als Folge bestimmter Erkrankungen

Durch den verdauungsfördernden N. Vagus wird am späten Abend und nachts die Magensäure-Sekretion stimuliert, Menge und Säuregehalt nehmen zu und reizen das offen daliegende, durch keine Schleimschicht geschützte Geschwür (Ulkus). Auch hier können die Schmerzen den Schlaf empfindlich stören.

Von der Speichelproduktion im Mund bis zur Bewegung des Darmes (Peristalsis) unterliegen Verdauungsfunktionen einer zirkadianen Regelung, die eingehalten werden sollte. Dazu gehören die kleinen und großen Bewegungen von Speiseröhre, Magen, Dünn-, Dick- und Enddarm; Bereitstellung von Verdauungsenzymen, die Eiweiße, Fette und Kohlenhydrate verarbeiten; Durchlässigkeit der Darmwand; Immunreaktion und die Beeinflussung der Darmflora (Mikrobiom). Nachts finden normalerweise nur kleine Darmbewegungen statt und die Entleerung des Enddarms wird in den Morgenstunden vorbereitet. Schichtarbeit, Weltreisen und die Einnahme großer Mahlzeiten zur falschen Zeit führen meist zu Verdauungsstörungen und Obstipation.

Patienten mit einem Reizdarm leiden auch unter Schlafstörungen und der gestörte Tag-Nacht-Rhythmus verstärkt prompt wieder die Darmprobleme durch peristaltische Rhythmusstörungen. Die Erkrankung beginnt meist im mittleren Lebensalter, kann aber auch erstmals im Alter über 65 auftreten und führt bei älteren Patienten häufiger ins Krankenhaus.

Einige neurodegenerative Erkrankungen, z. B. die Parkinson-Krankheit, machen sich nahezu parallel zunächst in Schlaf und Bauch bemerkbar. Aber Verdauungs- und Schlafprobleme sind zu weit verbreitet und damit zu unspezifisch, um allein aufgrund dieser Symptome eine erste Verdachtsdiagnose zu stellen.

Leber. Fragmentierter Schlaf in Verbindung mit langen Arbeitszeiten scheint das Risiko für eine nicht-Alkohol-bedingt Fettleber fast zu verdoppeln. Auch gibt es Berichte über die Einnahme obskurer Schlafmittel aus der Apotheke der Natur, die toxische Leberschäden verursachen können. Umgekehrt können auch die Symptome einer fortgeschrittenen Lebererkrankung wie Verdauungsstörungen oder Juckreiz die Nachtruhe empfindlich beeinträchtigen.

Diabetes mellitus. Gelingt es nicht ausreichend, den Blutzuckerspiegel einzustellen, kann ein nächtlicher Abfall der Glukosekonzentration (Hypoglykämie) zu wiederholten Weckreaktionen führen. Ein zu hoher Blutzucker (Hyperglykämie) führt oft zu vermehrter Flüssigkeitsaufnahme (Polydipsie), vermehrter nächtlicher Urinsekretion und entsprechendem Harndrang.

Metabolisches Syndrom. Zu dieser kombinierten Stoffwechsel-Störung gehören Bluthochdruck, erhöhter Blutzucker (Glukose), erhöhte Blutfette (Triglyceride) und Übergewicht (Adipositas). Sowohl eine zu kurze als auch eine zu lange Schlafdauer und besonders die Schlafapnoe steigern das Risiko für ein metabolisches Syndrom vor allem im höheren Alter. Je niedriger die nächtliche Sauerstoffsättigung und je schlechter der Schlaf, desto höher Blutdruck, Blutzucker, Blutfette und Gewicht.

Eine Zuckerkrankheit (Diabetes mellitus) kann eine Schädigung der Nervenbahnen (Polyneuropathie) vor allem an Beinen und Armen, aber auch im autonomen Nervensystem (Sympathikus und Parasympathikus) bewirken. So kann entweder eine RLS-Symptomatik oder eine nächtliche Atemregulationsstörung ausgelöst und verstärkt werden.

Ernährung. Nahezu 10 % der Menschen im höheren Lebensalter leiden in der westlichen Welt unter einer quantitativen oder qualitativen Mangelernährung. Die Ursachen reichen von Armut über Immobilität bis zu Unkenntnis, Gleichgültigkeit, Tabletten- oder Alkoholabhängigkeit. Schlafstörungen scheinen ein besonderes Risiko für Fehlernährung darzustellen. Kurzschläfer essen schlechter als Normalschläfer. Langschläfer halten sich nicht an einigermaßen regelmäßige Mahlzeiten. Mangelernährung trägt zur Insomnie bei. Ein Indikator der Fehlernährung ist der inflammatorische Index. Die Diät von Kurz-, Lang- und Schlechtschläfern scheint einen

2.2 Schlafstörungen als Folge bestimmter Erkrankungen

deutlich erhöhten Entzündungswert aufzuweisen, der sogar eine Vorhersage über Tagesschläfrigkeit und die Schwere einer Schlafapnoe erlauben soll. Wie zu erwarten finden sich vorteilhafte Zusammenhänge zwischen viel Gemüse und etwas Fisch mit Schlafqualität und -dauer.

Schilddrüse. Eine Schilddrüsenüberfunktion (Hyperthyreose) kann nicht nur den Schlaf verhindern, sondern verändert auch nachhaltig die Schlafarchitektur. Diese ungünstigen Veränderungen halten angeblich auch nach erfolgreicher Behandlung an. Die Schilddrüsenunterfunktion (Hypothyreose) macht müde und mürrisch. Sie steigert sowohl das Risiko für die Entstehung einer Schlafapnoe als auch die Risiken, die mit einer Schlafapnoe verbunden sind, da die Erschlaffung von Schlund und Atemmuskulatur durch deren Umbau (Einlagerung von Polysacchariden) noch ausgeprägter wird.

Je nach Region leiden bis zu 20 % der Bevölkerung über 70 an einer retrosternalen Struma, einer Schilddrüsenvergrößerung, die meist unbemerkt vom Hals hinter das Brustbein (retrosternal) wächst und dort Asthma-artige Beschwerden oder die nächtlichen Probleme einer Schlafapnoe mit entsprechenden Schlafstörungen auslöst.

Menopause. Östrogene wirken in vieler Beziehung ausgleichend und heilsam. Das spüren viele Frauen gerade mit dem Nachlassen der Östrogenproduktion in der Menopause. Angst und andere affektive Probleme nehmen zu. Manche Erkrankungen treten erstmals auf oder verschlimmern sich, dazu zählen Restless Legs, Schlafapnoe, Bluthochdruck, Schmerzen (Fibromyalgie), Übergewicht und Refluxstörungen. Der Einfluss des Sympathicus steigt und der Organismus kann in einen Zustand der Daueraktivierung geraten mit beeinträchtigtem Schlaf und entsprechender Erschöpfung am Tag. Dazu kommen bei zwei Drittel der Patientinnen nächtliche Hitzewallungen, die sich in der Spätphase der Menopause noch mit Ein- und Durchschlafstörungen durch häufige

Weckreaktionen verstärken. Meist wird eine Östrogensubstitution empfohlen. Die Wirksamkeit ergänzender Maßnahmen wird untersucht (z. B. high-tech-Stirnkühlung).

Niere. Bei einem Nachlassen der Nierenleistung (Niereninsuffizienz) steigt die Konzentration von Abfallstoffen in den Körperflüssigkeiten (Azotämie) an. Dies führt zu einer Erschöpfung am Tag und einer Insomnie in der Nacht. Bleibt die Erkrankung unerkannt und unbehandelt, kann ein Bewusstseinsverlust eintreten (urämisches Coma).

Nykturie. Harndrang mit mehr als einem nächtlichen Gang zur Toilette ist mit deutlich mehr als 50 % die mit großem Abstand häufigste Ursache für einen gestörten Schlaf (gefolgt von Schmerzen mit etwa 10 %) und nimmt mit dem Alter bei Männern und Frauen deutlich zu (▶ Abb. 2.7).

Achtzig Prozent der 80-jährigen Männer und Frauen leiden also an einer Nykturie. Aufgrund dieser Häufigkeit sollte bei den meisten Schlafstörungen gezielt nachgefragt werden, ob eine Nykturie mit zugrunde liegt. Viele Menschen gewöhnen sich daran und halten das nächtliche Bewegungsprogramm normal für ihr Alter. Dies ist sogar teilweise richtig, da über 65-Jährige nachts einen höheren Anteil ihres Gesamturins produzieren (über 30 %) als jüngere Menschen (weniger als 20 %). Im Zweifel sollen die folgenden Fragen gleich am Morgen beantwortet werden (nach der Nocturia Sleep Quality Scale; nach Romano et al., 2019):

- Wie oft sind Sie letzte Nacht wegen Harndrangs aufgewacht?
- Wenn Sie die ganze Nacht betrachten, wie lange waren Sie insgesamt wach, weil Sie auf die Toilette mussten?
- Wie viel früher als beabsichtigt sind Sie morgens aufgestanden, weil Sie auf die Toilette mussten?
- Wie erholsam war der Schlaf in der letzten Nacht unter Berücksichtigung der Unterbrechungen?

2.2 Schlafstörungen als Folge bestimmter Erkrankungen

* Wie müde fühlten Sie sich heute Morgen beim Aufstehen angesichts der nächtlichen Toilettengänge?
* Wie würden Sie insgesamt die Schlafqualität der letzten Nacht aufgrund der Toilettengänge beurteilen?

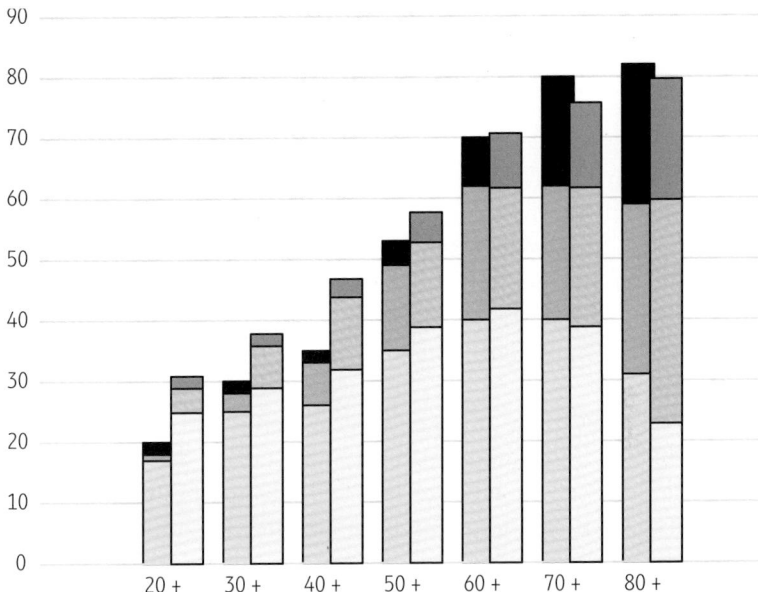

Abb. 2.7: Nächtlicher Harndrang (Nykturie) in Prozent bei Männern (linke Säulen) und Frauen (rechts) im Alter von 20 bis über 80 Jahren (hellgrau = 1 x; dunkelgrau = 2 x; schwarz bzw. dunkelstes Grau = 3 x und mehr pro Nacht; modifiziert nach Cornu et al., 2012)

Bleiben die Antworten uneindeutig, so hilft oft die eine einfache Nachfrage, ob innerhalb der ersten drei Stunden nach dem Zubettgehen die Toilette aufgesucht werden musste. Bestätigt sich der Verdacht auf eine Nykturie mit zwei oder mehr Toilettengängen in der Nacht, so muss nicht nur bei jüngeren Patienten nach einfachen Diätfehlern gefahndet werden wie ungünstige tageszeitliche Verteilung der Flüssigkeitszufuhr (eventuell wegen nächtlicher

Hitzewallungen?), harntreibende (diuretische) Medikamente oder Getränke (Bier, Cola, Kaffee, Tee) am Abend.

Häufige internistische Ursachen oder Begleiterkrankungen im Alter sind Schlafapnoe, Bluthochdruck und seine Behandlung mit harntreibenden Medikamenten, Herzinsuffizienz, Diabetes mellitus und Nierenerkrankungen. Hinweise auf eine Herzinsuffizienz sind geschwollene Knöchel und Unterschenkel am Abend (Ödeme), die in horizontaler Lage nachts ausgeschwemmt werden. Gelingt es nicht den Diabetes befriedigend einzustellen, so wirken die hohen Blutzuckerkonzentrationen nachts harntreibend. Viele Medikamente haben einen «anticholinergen» Effekt und beeinträchtigen damit die Funktion der Harnblase. Zu den häufigsten Ursachen gehören die überaktive Blase und die untrainierte Blase durch zu wenig Bewegung am Tag außer dem halbstündlichen Gang zur Toilette. Derart untrainierte *senile Schrumpfblasen* (engl. busy old bladder) haben kein Volumen mehr, um auch kleinere Urinmengen aufzunehmen.

Bei Männern ist im höheren Alter oft eine gut- oder bösartige Vergrößerung der Vorsteherdrüse (Prostata) an der chronischen Nykturie beteiligt. Auch bei geringer oder länger bestehender Vergrößerung kann eine Infektion oder Entzündung zu ersten akuten Beschwerden führen. Bei entsprechenden Beschwerden sind die folgenden Fragen grundsätzlich zu beantworten (▶ Tab. 2.8).

Bei bis zu 7 Punkten handelt es sich um eine leichte Symptomatik. Dennoch wird ein Gespräch mit dem Hausarzt empfohlen sowie eine Wiederholung des Tests nach vier Wochen. Bei 8 bis 19 Punkten wirken die stark ausgeprägten Symptome beeinträchtigend und dringend klärungsbedürftig. Bei über 20 Punkten muss umgehend gehandelt werden. Dieser Fragebogen soll bei entsprechenden Beschwerden in regelmäßigen Abständen wiederholt werden, um im Fall einer Verschlechterung bei einer ärztlichen Konsultation den Verlauf zu dokumentieren.

Müßig zu betonen, dass Schlafqualität und Schlafarchitektur vom Tief- bis zum REM-Schlaf immer wieder aus den Takt gebracht werden durch Harndrang, Weckreaktion, Licht, Aufstehen,

2.2 Schlafstörungen als Folge bestimmter Erkrankungen

Tab. 2.8: Prostata-Symptom-Score (International Prostate Symptom Score)

Während des letzten Monats ...	nie	zu 20 %	zu < 50 %	zu 50 %	zu > 50 %	zu fast 100 %
1 ... hatten Sie das Gefühl, dass Ihre Blase nach dem Wasserlassen nicht ganz geleert war?	0	1	2	3	4	5
2 ... mussten Sie in weniger als 2 Stunden ein zweites Mal Wasser lassen?	0	1	2	3	4	5
3 ... mussten Sie beim Wasserlassen mehrfach aufhören und neu anfangen?	0	1	2	3	4	5
4 ... hatten Sie Schwierigkeiten das Wasserlassen hinauszuzögern?	0	1	2	3	4	5
5 ... hatten Sie einen schwachen Strahl beim Wasserlassen?	0	1	2	3	4	5
6 ... mussten Sie pressen oder sich anstrengen, um mit dem Wasserlassen zu beginnen?	0	1	2	3	4	5
7 ... sind Sie im Durchschnitt nachts aufgestanden, um Wasser zu lassen? (Maßgebend ist der Zeitraum vom Zubettgehen bis zum Aufstehen am Morgen)	0	1	2	3	4	5

Toilettengang, Rückkehr und verzögertem Einschlafen. Interessanter sind dabei die Ergänzungsfragen nach Schwindel beim Aufstehen (orthostatische Hypotension), Stürzen und Verletzungen.

Stütz- und Bewegungsapparat. Durchschlafstörungen, Schlafapnoe, Osteoporose, Stürze und Brüche (Frakturen) sind über die

Faktoren Alter, Begleiterkrankungen (Diabetes mellitus, Adipositas, Nykturie) und Biologie (Vitamin D-Mangel, Cortison, Entzündung) miteinander verbunden. Hinzu kommt der senile Muskelschwund (Sarkopenie). Besonders Sarkopenie-gefährdet sind die Kurz- und die Langschläfer. Zu kurzer und gestörter Schlaf verhindern die nächtliche Kräftigung. Zu lange Bettzeiten bedeuten Immobilität, verkürzen die tagtäglichen Trainingseinheiten.[12] Die Betroffenen zeigen gleichzeitig unsicheren, langsamen Gang und haben keine Kraft in den Händen.

Entzündliche, schmerzhafte Erkrankungen von Gelenken und Muskeln hängen bei Männern und Frauen mit Schlafstörungen zusammen. Das psychosomatische Krankheitsbild der Fibromyalgie mit charakteristischen Veränderungen des Schlaf-EEG nimmt im höheren Lebensalter ab und die rheumatoiden Gelenksentzündungen (Arthritiden) nehmen zu. Die beste Schlafbehandlung besteht meist in einer geeigneten Schmerzbehandlung.

Krebs. Kurz zusammengefasst können bösartige Erkrankungen mit vielen der bisher aufgeführten Krankheiten ursächlich oder zufällig zusammentreffen: Depression, Erschöpfung, Schmerzen, Immobilität, Belastungen von Chemotherapie und Bestrahlung. Eine vorbestehende Insomnie kann das Krebsrisiko erhöhen. Weit mehr als die Hälfte der Patienten mit malignen Erkrankungen leidet an einer Insomnie. Gelingt es Schlafstörungen zu behandeln oder zu vermeiden, ist die Prognose von Krebserkrankungen ungleich besser.

---

12 Es ist an dieser Stelle endlich einzuräumen, dass 100-jährige angeben, mit 70 Jahren oft recht lange geschlafen zu haben. Man weiß allerdings selbst längere Zeit nicht, ob man sich zu dieser exquisiten Bevölkerungsgruppe zählen und dieses Beispiel als Vorbild heranziehen darf.

2.2 Schlafstörungen als Folge bestimmter Erkrankungen

Nervensystem

Neuromuskuläre Erkrankungen. Diese Gruppe umfasst sowohl Erkrankungen, die ausschließlich die Muskulatur betreffen (Myopathien), als auch solche, welche die Steuerung der Muskulatur durch Nerven und Botenstoffe betreffen. In beiden Fällen ist die Muskelkraft reduziert und scheinbar einfache Leistungen wie das Atmen werden zu einer anstrengenden Aufgabe, die mit Medikamenten oder maschinell unterstützt werden muss. Schlafapnoe, fragmentierter Schlaf, Tagesmüdigkeit und Kopfschmerzen sind häufige Symptome. Neben der Gefahr der nächtlichen Hypoventilation und Erschöpfung sind einige dieser Erkrankungen mit spezifischen Schlafstörungen assoziiert wie einer obstruktiven Schlafapnoe und einem Restless Legs Syndrom, die besonders bei der Myasthenia gravis eine Rolle spielen. Bei dieser Erkrankung wird die Reizübertragung von Nerv auf Muskel gestört, wobei dieses Problem gut zu kurieren ist. Bei der entzündlichen und potentiell rasch fortschreitenden Nervenwurzelentzündung mit dem Doppelnamen Guillain-Barré kann, sobald der Hirnstamm erfasst wird, die Atemsteuerung innerhalb weniger Stunden und »über Nacht« ausfallen und eine intensivmedizinische Überwachung und Behandlung notwendig werden.

Kopfschmerzen. Kopfschmerzen sind eine häufige Begleiterscheinung von Insomnie, Schlafapnoe und fragmentiertem Schlaf. Daneben gibt es aber auch eine Reihe spezifischer Symptommuster und nächtlicher Schmerzformen.

Schlafapnoe-Kopfschmerz besteht meist in einem bilateralen Druckgefühl nach dem Erwachen, dauert etwa eine halbe Stunde und lässt sich mit der CPAP-Behandlung günstig beeinflussen.

Schlaf gebundener Kopfschmerz (»hypnic headache«) entwickelt sich meist erst nach dem 50. Lebensjahr. Dabei handelt es sich um wiederkehrende, im allgemeinen beidseitige Schmerzen, die ausschließlich im Nachtschlaf meist zwischen 1 und 3 Uhr morgens beginnen, die Betroffenen aus dem Schlaf reißen und mehrere

Stunden anhalten, ohne dass sich weitere Ursachen dafür finden. Der Kopfschmerz kann einem Spannungskopfschmerz oder Migräneanfall ähneln. Zur zuverlässigen Behandlung gibt es keine gesicherten Erkenntnisse. Über eine Besserung durch Kaffee wird berichtet; Schmerzmittel, Lithium, Melatonin und Botulinumtoxin werden diskutiert.

Differentialdiagnosen: Andere Auslöser von nächtlichen Kopfschmerzen sind z. B. Alkohol- und Medikamentennebenwirkungen oder -entzug, Hypoglykämie, Schlafapnoe (Komorbidität möglich), zerebrale Erkrankungen. Andere Kopfschmerzerkrankungen, z. B. Clusterkopfschmerz und Riesenzellarteriitis.

Cluster- Kopfschmerz entsteht meist aus dem REM-Schlaf heraus in kurzen, anfallsartigen, stechenden Schmerzen hinter einem Auge mit einseitig geröteter Bindehaut, erweiterter Pupille, tropfender Nase, Schwellung und hängendem Augenlid. Die Dauer kann mehrere Minuten bis drei Stunden betragen. Als besonders effektiv hat sich die Gabe von Sauerstoff erwiesen.

Paroxysmale Hemikranie, also der anfallsartige, meist einseitige, von vegetativen Symptomen begleitete Kopfschmerz kann aus dem Schlaf heraus entstehen und wenige Minuten bis zu einer knappen Stunde dauern.

Riesenzellarteriitis (Arteriitis temporalis) ein erstmals im höheren Lebensalter auftretender einseitiger Kopfschmerz, der sich einseitig z. B. beim Kauen, Zähneputzen oder Hinlegen auf das Kopfkissen bemerkbar macht, muss umgehend untersucht werden, vor allem wenn gleichzeitig oder vorab Sehstörungen aufgetreten sind, die Kopfhaut überempfindlich ist und der Mund nicht mehr weit geöffnet werden kann. Es kann sich um eine rheumatische Entzündung der Schläfenarterie handeln, die unbehandelt binnen kurzem zu einer Erblindung und weiteren irreparablen Gefäßschäden führen kann und daher einer sofortigen Cortisonbehandlung bedarf.

Zähneknirschen (Bruxismus) führt zu dumpfem Schläfenkopfschmerz am Morgen durch nächtliche Überlastung der Kaumuskulatur.

2.2 Schlafstörungen als Folge bestimmter Erkrankungen

Sinnesorgane. Werden die Augen abends zu lange kurzwelligem Licht ausgesetzt (Beleuchtung, Fernsehen, Computer), kann Melatonin nicht in ausreichendem Maß gebildet und zeitgerecht frei gesetzt werden. Melatonin wird nicht nur in der Zirbeldrüse synthetisiert, sondern auch in Netzhaut (Retina), Iris, Linse und Tränendrüse, wo es an der Reparatur von trockenen Augen, von Verletzungen der Hirnhaut (Cornea), von Kurzsichtigkeit (Myopie), Katarakten und Netzhauterkrankungen (Macula-Degeneration) beteiligt ist. Nahezu parallel zur Melatonin-Konzentration steigt nachts der Augeninnendruck auf sein Maximum und besonders hoch wird er bei Schlafstörungen wie Insomnie und Schlafapnoe. Dadurch können bei grünem Star (Glaukom) und ohnehin hohem Augendruck Netzhaut und Sehnerv zusätzlich geschädigt werden. Kritisch wird die Situation, wenn der Augeninnendruck den systolischen Blutdruck nachts übersteigt, sodass das Auge nicht mehr versorgt werden kann. Bei einer Verschlechterung des Sehens fällt es noch schwerer, den zirkadianen Rhythmus aufrechtzuerhalten.

Evolutionär erscheint es sinnvoll, Reparaturstoffe wie den Nervenwachstumsfaktor (BDNF) an Tageszeiten vorzuhalten, zu denen sie dringend gebraucht werden. Entsprechend steht im Innenohr BDNF am Tag zur Verfügung, wenn es lärmt und Gehörschäden drohen, nicht aber nachts, wenn es im Allgemeinen ruhig ist. Nächtliche Lärmschäden können daher kaum repariert werden[13]. Dies erscheint erwähnenswert, da ein immer größerer Kreis von Freunden lautstarker Unterhaltungsmusik das Pensionsalter erreicht und nicht von alten Vorlieben lassen mag. Auch von nächtlicher Kopfhörerbeschallung bei Insomnie ist dieser Klientel abzuraten.

Riech- und Verdauungsstörungen sind Frühzeichen der Parkinson-Krankheit. Kommen noch Insomnie und eine Parkinson-typische Schlafstörung dazu, ist der Parkinson-Verdacht nicht mehr von der Hand zu weisen.

---

13 Heavy Metal-Konzerte nur noch tagsüber; keine Nachtschichten mehr in der Metallindustrie!

Parkinson-Krankheit. Die REM-Schlafstörung (s. S. 70 ff.) betrifft 60 % der Patienten mit Morbus Parkinson und kann den anderen Symptomen um Jahre vorausgehen. Die Erkrankung beginnt im Bauchraum und steigt dann über mehrere Etagen in den Hirnstamm auf. Sogenannte Lewy-Körperchen mit einem Inhaltsstoff namens alpha-Synuklein treten an die Stelle einer schwarzen Nervenzellgruppe (Substantia nigra), die für die Synthese des Botenstoffes Dopamin für die Basalganglien zuständig sind. Sind 80 % dieser Zellen zerstört, so werden die Betroffenen steif (Rigor) und unbeweglich (Akinese). Daneben wird auch die Zellgruppe im Hypothalamus in erhebliche Mitleidenschaft gezogen, welche für die Herstellung des Wachmachers Orexin zuständig ist (▶ Abb. 1.4). Folgen sind erhöhte Tagesmüdigkeit und fragmentierter Nachtschlaf, der unter anderem dadurch bedingt ist, dass es den Patienten schwerfällt, ihre Lage im Bett zu verändern. Sie wachen oft in der gleichen Position auf, wie sie sich hineingelegt haben. Zusätzlich können nächtliche Muskelkrämpfe und RLS auftreten. Zu warnen ist vor Schlafattacken bei einer Behandlung mit Dopaminagonisten. Weitere Ursachen von Insomnie und Hypersomnie sind in Tabelle 2.9 zusammengefasst (▶ Tab. 2.9).

Demenz. Der schwerwiegende Verlust geistiger Fähigkeit von solcher Ausprägung, dass der Alltag nicht mehr wie gewohnt bewältigt werden kann (= Demenz), ist im Alter meistens gemeinsam durch Hirngefäßveränderungen und die Alzheimer Krankheit verursacht (Förstl, 2021). Die Alzheimer Krankheit führt im Zusammenhang mit der Ablagerung von kugelförmigen Gebilden zwischen den Nervenzellen (Plaques), die unter anderem aus dem Eiweiß beta-Amyloid bestehen, und fädigen Veränderungen in den Nervenzellen (Neurofibrillen), die unter anderem das Eiweiß Tau enthalten, zu einer schweren Nervenzellzerstörung (Neurodegeneration). Ist eine kritische Zahl von Nervenzellen im Gedächtnisapparat zugrunde gegangen, fällt als erstes Symptom die Vergesslichkeit auf. Im Verlauf erfassen die Veränderungen weite Teile des Gehirns mit entsprechendem Funktionsverlust. Der N. supra-

2.2 Schlafstörungen als Folge bestimmter Erkrankungen

Tab. 2.9: Mitursachen von Insomnie und Hypersomnie bei der Parkinson-Krankheit

Ursachen	Insomnie	Hypersomnie
psychisch und sozial	Angst, Depression; schlechte Schlafhygiene	Schlafmangel
somnologisch	zirkadiane Rhythmusstörung mit Früherwachen; Schlafapnoe; Restless Legs Syndrom	nicht erholsamer Schlaf; Schlafapnoe; zirkadiane Rhythmusstörung; REM-Schlafstörung
neurologisch	beeinträchtigte Drehbewegungen im Bett, Steifigkeit, Krämpfe	Verlust von Orexin-Neuronen
internistisch etc.	Herzinsuffizienz, Harndrang	
medikamentös	Nebenwirkung	Nebenwirkung (v. a. von Dopaminagonisten)

chiasmaticus ist früh betroffen und dies führt auch früh zu Veränderungen der zirkadianen Rhythmik: Körpertemperatur, Puls, Blutdruck, Harnbildung, Melatonin, Cortison usw. geraten aus dem Takt und dies steigert das Risiko für viele weitere Komplikationen.

Schlafstörungen aller Art im mittleren Lebensalter erhöhen das Risiko einer späteren Demenz drastisch. Steigt das Schlafbedürfnis im höheren Lebensalter deutlich an, so kann dies Vorzeichen einer Demenz sein. Diese eindeutigen Ergebnisse stammen aus Längsschnittstudien und gelten statistisch für sehr große, wiederholt untersuchte Gruppen. Natürlich gibt es Menschen mit einem deutlich höheren Schlafbedürfnis als der Durchschnitt und natürlich gibt es besondere Bedingungen, wie etwa eine Rekonvaleszenz, die längeren Schlaf ohne weiteres rechtfertigen.

Bei einer manifesten Demenz treten alle denkbaren Formen veränderten Schlafes auf vom mehrfach täglichen Nickerchen und der leichten Verwirrtheit am Spätnachmittag (sundowning) über eine Verschlechterung vorbestehender Probleme bis hin zu einer vollkommenen Tag-Nacht-Umkehr im fortgeschrittenen Stadium (▶ Tab. 2.10). Die Schlafarchitektur als Grundgerüst wichtiger Lernvorgänge geht bereits früh verloren, ebenso der Tiefschlaf als Voraussetzung für ein nachtaktives glymphatisches System zur Reinigung des erkrankten Gehirns. Dem Patienten ist oft am meisten geholfen, wenn in dieser schwierigen Phase die ebenfalls älteren engsten Angehörigen geschützt werden und dies gelingt häufig nur durch die Einweisung in ein Pflegeheim. Wenn Angehörige keinem unerträglichen 24-Stunden Dauerstress ausgesetzt sind, überleben sie länger, weil sie zeitweise Ruhe finden. Entsprechend können sie daher die Patienten noch länger im Pflegeheim besuchen. Die nächtliche Pflegebedürftigkeit des nächsten Angehörigen mit einer Demenz stellt die intensivste Bedrohung eines erholsamen Schlafs im Alter dar. Die Belastungen durch andere notwendige nächtliche

Tab. 2.10: Insomnie und Hypersomnie bei dementen Patienten

Ursachen	Insomnie	Hypersomnie
psychisch und sozial	Delir, Depression, Angst; Mangel an Kontakten, Aktivitäten, Bewegung, frischer Luft am Tag; nächtliches Wandern; unruhige Umgebung in der Nacht, Mitpatienten, Pflege	Nickerchen durch beeinträchtigte Wahrnehmung anderer Anreize
somnologisch	Schnarchen, obstruktive Schlafapnoe; Restless Legs Syndrom	»Sundowning«, Schlafphasenvor- oder Rückverlagerung, Verlust der zirkadianen Rhythmik, Tag-Nacht-Umkehr
internistisch etc.	Atemnot, Herzinsuffizienz, Inkontinenz, Nykturie; Schmerzen	schlechteres Sehen und Hören
medikamentös	nächtlich aktivierende Wirkung der Antidementiva	Übersedierung durch Beruhigungsmittel

2.2 Schlafstörungen als Folge bestimmter Erkrankungen

Pflegemaßnahmen, die zu festen Uhrzeiten stattfinden können, sind nicht vergleichbar mit der ständigen Alarmstimmung und Angst um einen unberechenbaren Menschen mit einer Demenz.

Andere neurologische Erkrankungen. Tabelle 2.11 fasst die Art und Häufigkeit von Schlafstörungen bei einer Reihe von neurologischen Erkrankungen zusammen (▶ Tab. 2.11). Es ist grundsätzlich davon auszugehen, dass der fragile Schlaf bei allen schwerwiegenden neurologischen Erkrankungen in Mitleidenschaft gezogen wird und zwar meist in Form einer Insomnie und Tagesmüdigkeit.

Tab. 2.11: Häufigkeit von Schlafstörungen bei neurologischen Erkrankungen (modifiziert nach Bassetti, 2021).

	Insomnie	Tagesschläfrigkeit	Schlafapnoe	RLS, PLMS	Parasomnien
Neuromuskulär	30–40 %	50 %	–/–	–/–	–/–
Kopfschmerz	20–50 %	20–40 %	50 % *	10–25 %	30 % SW
Parkinson	50–90 %	30–70 %	20–40 %	10–20 %	50 % RBD
Demenz	30–50 %	20–50 %	20–50 %	–/–	–/–
Schlaganfall	30–60 %	20–50 %	> 50 %	–/–	–/–
Multiple Sklerose	30–40 %	> 50 %	20–30 %	10–40 %	–/–
Epilepsie	20–50 %	20–30 %	30 %	–/–	–/–

*bei Cluster-Kopfschmerz; PLMS = periodische Beinbewegungen im Schlaf; RBD = REM-Schlafverhaltensstörung; RLS = Restless Legs Syndrom; SW = Schlafwandeln

Psyche

Die Psyche ist bei allen Störungen des Schlafes beteiligt und wurde daher auch von Anfang an immer wieder erwähnt. Daher ist dieser Abschnitt auch sehr kurz (ausführlichere Informationen u. a. in Pollmächer et al., 2018).

Depression. Affektive Störungen sind häufige Ursachen einer Insomnie und die Insomnie ist typisches Symptom einer Depression und oft kann man Ursache und Auswirkung nicht wirklich unterscheiden. Depressive Patienten schlafen später ein, zeigen mehr flachen Schlaf und ausgeprägteren REM-Schlaf (▶ Tab. 2.12). Hinsichtlich der Polysomnographie entsprechen also die Merkmale einer Depression teilweise den altersbedingten Schlafveränderungen und gehen darüber hinaus. Gelingt es die Depression zu bessern, verschwindet meist auch die Insomnie und ein teilweiser Schlafentzug in der zweiten Nachthälfte ist eines der wirksamsten Mittel gegen die Depression. Gelingt es den Schlaf zu verbessern, so profitiert auch die Stimmungslage. Nicht alle Betroffenen sind trotz ihrer Lippenbekenntnisse entschlossen, das ein oder andere aufzugeben, so sehr ist die Insomnie zur Gewohnheit geworden und das Leiden an der Welt zu einer Persönlichkeitseigenschaft. Umso dringlicher muss der Versuch unternommen werden, in beiderlei Hinsicht Gutes zu bewirken.

Sucht. Ein erheblicher Teil der Süchtigen treibt sich nicht nachts auf finsteren Straßen herum, sondern haust in eigener Wohnung, in Seniorenresidenzen und Pflegeheimen. Hauptumschlagplatz der Suchtmittel sind weder Bahnhöfe noch Rotlichtviertel, sondern Apotheken. Finanziert wird der Drogenkonsum nicht nur aus eigener Tasche für die frei verkäuflichen Substanzen, sondern auch von Krankenkassen.

Andere psychische Erkrankungen. Aus den polysomnographischen Veränderungen lässt sich wie bei den neurologischen Erkrankungen herleiten, dass bei allen schweren psychischen Erkrankungen, die im höheren Lebensalter eine Rolle spielen, mit patienten- und behandlungsrelevanten Veränderungen des Schlafes zu rechnen ist (▶ Tab. 2.12).

Tab. 2.12: Schlafstörungen und Veränderungen der Schlafstadien bei häufigen psychischen Erkrankungen (nach Pollmächer et al., 2018)

		Einschlafstörung	Durchschlafstörung	Früherwachen	Müdigkeit	Tiefschlaf	REM
1	Angsterkrankung	↑	↑	↑		↓	↑
2	Depression	↑↑	↑↑	↑↑	↑	↓	↑↑
3	Schizophrenie	↑	↑		↑	(↓)	(↑)
4	Alkoholismus	↑	↑	↑	↑	↓↓	↓
5	Schlafmittelsucht	↑	↑	↑	↑	↓↓	↓↓
6	Delir	↑	↑	↑	↑	↓↓	↓↓

2.3 Folgen der Schlafstörungen: kurz-, mittel- und langfristig

Akute Gefahren

Insomnie und Schlafapnoe können durch die Tagesmüdigkeit *Unfälle* aller Art verursachen. Die Parasomnien Schlafwandeln, Pavor nocturnus und REM-Schlafstörungen können zu Selbst- oder Fremdverletzungen führen. *Suizidalität* ist eine vielfach untersuchte und bestätigte, aber in der Öffentlichkeit unterschätzte Gefahr der Insomnie. Patienten, die Suizidversuche unternehmen, haben vorher beim Arzt häufiger über Insomnie und Albträume geklagt als über eine depressive Verstimmung. Das einsame Wachen während der Nacht mit einem Mangel an externer (sozialer) und interner (Präfrontalkortex) Kontrolle aber freilaufenden Emotionen und Impulsen ist eine Phase gesteigerter Gefahr, die vor allem bei Gebrauch von Schlaf- und Beruhigungsmitteln oder von Stimulanzien und Alkohol eskalieren kann (Perlis et al., 2016).

Mehr Frauen als Männer gelangen durch die Wirkung von Schlafmitteln in die Notaufnahmen, wobei häufig mehrere Beruhigungs- oder Schmerzmittel gleichzeitig eingenommen wurden. Weitere akute Komplikationen können im Fall einer Krankenhausaufnahme drohen, z. B. beim akuten Absetzen von Schlaf- und Beruhigungsmitteln oder Alkohol (*Delir*, suizidale Krisen) oder bei Standard-Narkosen und -Nachsorge von Patienten mit einer Schlafapnoe.

Mittelfristige Medikamentennebenwirkungen

Substanzen, die zur Behandlung von Schlafstörungen, körperlichen und seelischen Erkrankungen eingesetzt werden, können im höheren Alter selbst zum Problem werden. Dies ist vor allem dann der Fall, wenn jeder ärztliche Spezialist auf seinem Gebiet sein fachspezifisches Problem leitliniengemäß behandelt. Die Behandlung mit mehr als fünf Medikamenten (= Polypharmazie) ist bei alten Patienten mit zwei oder mehr Erkrankungen (= Multimorbidität) keine Seltenheit. Auch Medikamente, die zur Behandlung von Schlafstörungen eingesetzt werden, können den Schlaf auf unerwünschte Art verändern (▶ Tab. 2.13). Die Kunst besteht für den Patienten darin, einen Arzt zu finden, der sich dann zutraut, die Zahl und Dosierung der Medikamente beherzt zu reduzieren.

2.3 Folgen der Schlafstörungen: kurz-, mittel- und langfristig

Tab. 2.13: Medikamente, die den Schlaf verändern können (nach Schweitzer et al., 2018)

Medikamentengruppen und Beispiele	Polysomnographische Veränderungen	Symptomatische Auswirkungen
Antidepressiva		
Citalopram	↑ TST, ↓ REM, ↑ W	
Mirtazapin	↑ TST, ↓ W	RLS
Trimipramin	↑ TST, ↓ W	PLM, Müdigkeit, Albträume, Verwirrtheit
Antipsychotika		
Haloperidol	↓ SL, ↑ TST, ↑ SWS, ↓ REM	PLM, RLS, Müdigkeit
Quetiapin	↓ SL, ↑ TST, ↓ REM	PLM, RLS, Müdigkeit
Antiepileptika		
Levetiracetam	↑ TST, ↑ SWS	Müdigkeit, leichte kognitive Defizite
Analgetika (Schmerzmittel)		
Gabapentin	↑ TST, ↑ SWS, ↑ REM	Müdigkeit
Pregabalin	↓ SL, ↑ SWS, ↓? REM	Müdigkeit, leichte kognitive Defizite
Opiate	↓ SWS, ↓ TST, ↓ REM	Müdigkeit, ↓ Atemantrieb
Antidementiva		
Cholinesterase-Hemmer	↑ REM	Albträume, Antriebssteigerung
Entzündungshemmer		
Cortison	↓ REM	Antriebssteigerung
Antihypertensiva (Blutdrucksenker)		
Propranolol	↓ REM, ↑ W	Insomnie & Tagesmüdigkeit

2 Schlafstörungen und ihre Folgen

Tab. 2.13: Medikamente, die den Schlaf verändern können (nach Schweitzer et al., 2018) – Fortsetzung

Medikamentengruppen und Beispiele	Polysomnographische Veränderungen	Symptomatische Auswirkungen
Medikamente gegen Parkinson-Symptome		
Dopaminagonisten	↑ TST	Tagesmüdigkeit, hoher Schlafdruck
Sedativa (Schlaf- und Beruhigungsmittel)		
Diazepam	↓ SL, ↓ SWS, ↓ REM	Müdigkeit

(REM = REM-Phase; TST = Gesamtschlafzeit; SL = Schlaflatenz; SWS = Tiefschlaf; W = Wachzeit)

Chronische Konsequenzen

Wenn alles zutrifft, was über die wesentlichen Funktionen des Schlafes behauptet wird (▶ Kap. 1.3), kann man sich die Komplikationen einer *Insomnie* und anderer Schlafstörungen ausmalen: die im Alter labile Schlaf-Wach-Regulation wird aus dem zirkadianen Rhythmus kommen; die vegetativen Automatismen von Sympathikus und Parasympathikus arbeiten unsynchronisiert neben- und gegeneinander; das Gedächtnis und anderen kognitive und körperliche Funktionen büßen an Leistungsfähigkeit ein; die Reinigung des Gehirns durch das glymphatische System kommt zum Erliegen, da kein ausreichender Tiefschlaf mehr zustande kommt; Immunreaktionen laufen nicht mehr planvoll ab, während Entzündungsprozesse überhand nehmen; das ökologische Gleichgewicht des menschlichen Mikrobioms wird empfindlich gestört und unerwünschte Moleküle durchströmen Körper und Gehirn, da die Barrieren porös werden; wiederholte Weckreaktion versetzen den Organismus in Dauerstress (Hyperarousal). Genauso wie erwartet, kommt es auch.

Bei der *obstruktiven Schlafapnoe* verursacht das verminderte Sauerstoffangebot (Hypoxie) im Gehirn Ödeme, Nervenzellläsionen, ei-

2.3 Folgen der Schlafstörungen: kurz-, mittel- und langfristig

nen Umbau in Stützgewebe (Gliose) und eine Atrophie. Schnarchen und Pressen führen zu starken Druckschwankungen in Lunge und Gehirn, wodurch die Funktion des glymphatischen Systems beeinträchtigt wird. Ein enger Zusammenhang besteht zwischen der Schwere einer obstruktiven Schlafapnoe und dem Schlaganfallrisiko. Bei einer CPAP-behandelten Schlafapnoe (siehe unten) entspricht das Risiko jedoch dem der Allgemeinbevölkerung.

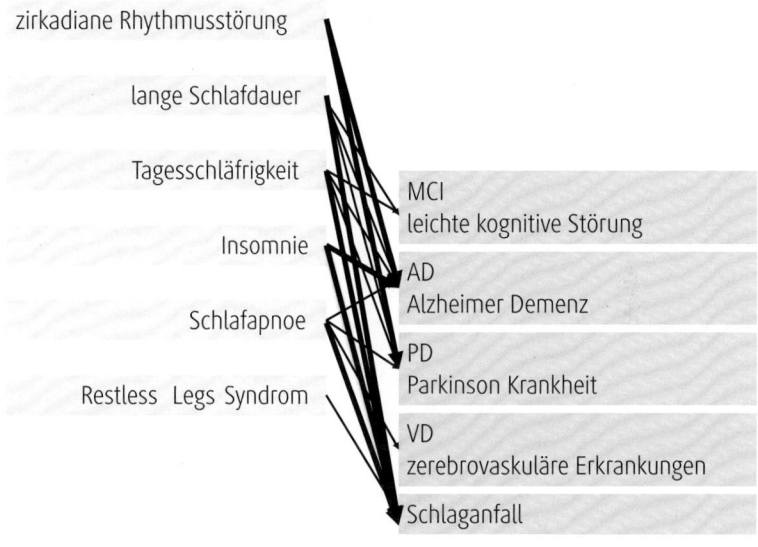

Abb. 2.8: Risikosteigerung für Hirngefäßveränderungen und neurodegenerative Erkrankungen durch einzelne Schlafstörungen (modifiziert nach Bassetti, 2021)
Dicke Pfeile markieren eine überzeugende Datenlage, dünne Pfeile starke Hinweise.

Beweiskräftige Untersuchungen belegen eine eindeutige Risikosteigerung bei unterschiedlichen Schlafstörungen für bestimmte neuropsychiatrische Folgeerkrankungen (▶ Abb. 2.8). So bestätigte sich auch der U-förmige Zusammenhang zwischen Schlaf- beziehungsweise Bettzeit und Risiko. Wer im mittleren und höheren Lebensalter unter sechs oder über neun Stunden pro Nacht ruht, trägt ein statisch erhöhtes Risiko z. B. für Schlaganfall und Demenz. Statistische Zusammenhänge erklären nicht die Krankheitsmechanismen. Der Weg von den Schlafstörungen (Insomnie, Schlafapnoe, …) letztlich zu Minderungen der geistigen Leistungsfähigkeit bis zur Demenz – die hier als Beispiel aufgegriffen wird – führt über viele Zwischenstationen. Tagesmüdigkeit und verminderte Leistungsfähigkeit gehen Hand in Hand mit nachlassendem Interesse und depressiver Verstimmung, die bei ausreichender Dauer und Ausprägung zu Demotivation und Isolation führen, die wiederum den zirkadianen Rhythmus beeinträchtigen und die Schlafstörungen verstärken können. Mangelnde geistige und körperliche Aktivität begünstigen die Entfaltung weiterer biologischer Risiken von der Entzündung und Arteriosklerose zu degenerativen Hirnveränderungen (▶ Abb. 2.9).

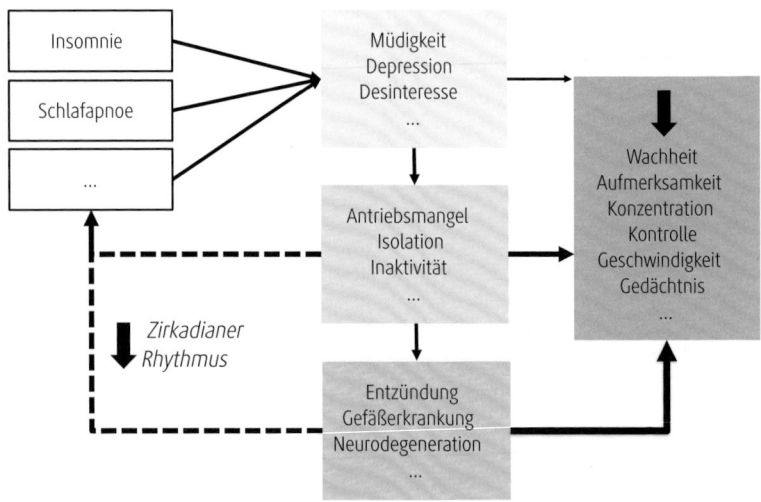

Abb. 2.9: Von Insomnie, Schlafapnoe und anderen Schlafstörungen zu Depression, Inaktivität und körperlichen Erkrankungen mit der Folge einer verminderten geistigen Leistungsfähigkeit

2.3 Folgen der Schlafstörungen: kurz-, mittel- und langfristig

Gebrechlichkeit. Schlafstörungen können im höheren Lebensalter durch ihre enge Assoziation mit vielen anderen Erkrankungen einer Abnahme der Alltagsbewältigung und allgemeinen Leistungsfähigkeit Vorschub leisten. Auch hier bestätigt sich die U-förmige Beziehung zwischen einer zu kurzen Schlaf- beziehungsweise zu langen Bettzeit für das Risiko der Gebrechlichkeit (engl. frailty): Immobilitäts-gefährdet sind vor allem Personen mit subjektiv kurzer und objektiv langer Schlafzeit über 9 Stunden. Schutzfaktoren sind Bildung, Aktivität und Arbeit (auch im Alter!). Risikofaktoren sind Alter, Armut und Übergewicht (▶ Tab. 2.14). Offensichtlich sind nicht alle Chancen und Risiken vollends frei verfügbar und dennoch ist deren Angebot und Nutzung nicht allein eine gesellschaftliche, sondern – nach Maßgabe der Möglichkeiten – auch eine individuelle Aufgabe bis ins hohe Alter.

Tab. 2.14: Muster der Gebrechlichkeit bei über 50-jährigen Europäern (nach Zacarias-Pons et al., 2021)

	Männer	Frauen
Gesund	54 %	51 %
Erkrankungen des Stütz- und Bewegungsapparates	19 %	16 %
Stoffwechselerkrankungen	24 %	26 %
hohe Gebrechlichkeit, Multimorbidität	3 %	7 %

Die große Ähnlichkeit zwischen den Geschlechtern wirkt zunächst überraschend. Differenzen zeigen sich vor allem im noch höheren Alter mit der deutlich höheren Lebenserwartung der Frauen, die auch bei erheblicher Gebrechlichkeit noch Widerstandskraft (Resilienz) zeigen[14].

---

14 Frauen sind wie Bambus, sie beugen sich im Wind. Männer sind wie Eichen. Und brechen.

3

Vorbeugung und Behandlung

> *Dort nun fand sie den Schlaf, den leiblichen Bruder des Todes,*
> *fasste ihn freundlich bei der Hand und meinte –*
> *Mächtiger Schlaf, der Menschen und ewigen Götter Beherrscher,*
> *wenn Du mir je einen Gefallen tun willst, dann jetzt ...*
> *Homer, Ilias, XII. Buch*

Selbst Hera, Gattin und Schwester des Zeus in einer Person, konnte den Schlaf nicht einfach so gewinnen, als sie vom Berg Athos herabschwebte. Er tat ihr den erbetenen Gefallen nicht. Dem Schlaf kann man also nichts befehlen, selbst göttliche Schmeichelei blieb ohne Erfolg. Es hilft nur eigene Anstrengung – auch am Tag und vor dem Bett, aber keine verkrampfte Haltung und verzweifeltes Hoffen in der Nacht.

3.1 Schlafhygiene: Guter Rat – Zeitgeber – Tag- und Nachtplan

Man muss sich vor Augen halten, dass der Schlaf keinen Selbstzweck darstellt, sondern durch und durch dazu dient, den Menschen und seine ganze biologische Verwandtschaft gesund zu halten und fit für den Tag zu machen. Anstrengung und tägliche Anspannung, müssen natürlich den persönlichen Voraussetzungen angepasst werden. Der Rundgang rund um die Seniorenresidenz mit dem Gehwagen kann eine größere sportliche Leistung bedeuten als die Himalaya-Trekkingtour für einen Zehnkämpfer. Das Gefühl, sich etwas vorgenommen und mit Mühe geschafft zu haben, ist beim abendlichen Rechenschaftsbericht vor sich selbst von großer Bedeutung.

Guter Rat

Bei anhaltenden, belastenden *Insomnien* müssen die folgenden Fehler möglichst ganz unterlassen, mindestens aber die schlechten Gewohnheiten eingeschränkt werden[15]:

- ab morgens um drei Uhr wach im Bett liegen bleiben, ohne aufzustehen,
- einfach ein wenig länger schlafen, weil man nachts so schlecht geschlafen hat,
- aufstehen, ohne sich frisch zu machen und sich umzuziehen,
- sich wegen Erschöpfung zum Ausruhen im Nachtgewand wieder ins Bett legen oder angezogen auf dem Bett oder im bequemen Sessel ausruhen,

---

15 Ausgenommen von dieser impliziten Kritik sind immer jene wenigen, deren Gesundheitszustand keine entsprechende Umstellung erlaubt; da diese Botschaften große Bedeutung haben, werden sie im Folgenden mehrfach und in Variationen wiederholt.

3 Vorbeugung und Behandlung

- vorsichtshalber schon am Spätnachmittag oder in den frühen Abendstunden wieder zurück ins Bett, weil die letzte Nacht so schlecht war,
- im Bett liegen bleiben, auch wenn man nicht einschlafen kann, zu wenig Anstrengung am Tag, zu wenig Bewegung, zu wenig Sonnenlicht an der frischen Luft,
- zu späte und heftige körperliche Anstrengungen oder Ärger während der zwei bis drei Stunden vor der Bettzeit,
- zu späte und schwere Abendmahlzeit,
- insgesamt zu viel und zu später Kaffee,
- Alkohol am Abend und in der Nacht,
- Rauchen am Abend,
- mit der Überzeugung oder Angst ins Bett gehen, sicher wieder nicht schlafen zu können,
- fernsehen im Bett,
- arbeiten und telefonieren oder lesen im Bett (solange man unter einer Insomnie leidet),
- sich zu sehr zusammenreißen, um Mitschläfer nicht zu stören,
- der tickenden Uhr lauschen und – noch schlimmer – den Zeiger verfolgen.

Da es den allermeisten Menschen mit einer Insomnie nicht gelingt, diese einfachen Ratschläge für einige Wochen zu beherzigen, kann die Behandlung mit einer problemorientierten Verhaltenstherapie intensiviert werden (z. B. Buysse et al., 2011). Deren Inhalte sind genau die gleichen wie eben geschildert, zudem werden aber die physiologischen Grundlagen des Schlafes erklärt (▶ Kap. 1.3), die Klienten füllen ein Arbeitsbuch aus und unterziehen sich einer Erfolgskontrolle. Das hilft. Ein wesentliches Grundprinzip besteht dabei in der Restriktion von Schlaf und damit der Erhöhung des Schlafdrucks.

3.1 Schlafhygiene: Guter Rat – Zeitgeber – Tag- und Nachtplan

Grundprinzipien einer kurzen kognitiven Verhaltenstherapie bei chronischer Insomnie älterer Menschen (Buysse et al., 2011)

- Bettzeit reduzieren
- Jeden Tag zur gleichen Zeit aufstehen, unabhängig von der Schlafzeit
- Nicht ins Bett gehen, ohne müde zu sein
- Nicht im Bett bleiben, wenn man nicht schlafen kann

Nochmals, aber in etwas anderen Worten:
Erstens (Voraussetzungen, konsequente Vorbereitung) von morgen und von morgens an keine notorischen Fehler mehr machen: früh aufstehen, keine Nickerchen am Tage, zum Ausruhen am Tage keinesfalls hinlegen, lange aktiv und wach bleiben; keine Beruhigungs- und Schlafmittel, kein Alkohol; kein Kaffee, kein Tee am Abend; keine anderen Stimulantien, Medikamente mit dem Arzt durchsprechen; nicht zu viel Flüssigkeit am Abend und in der Nacht; keine großen und späten Abendmahlzeiten und schon gar kein Nachtmahl; sollte es etwas zum Grübeln oder Ärgern geben, so wird es am Abend noch bearbeitet, z. B. niedergeschrieben; schlechte Matratze und Bettzeug, in dem man schwitzt, austauschen; kein Wecker am Bett!

Zweitens, Teil A (sanfte, selbstgewählte Routinen und Rituale), das Innenleben – mit dem man gerade in angespannten Situationen nicht vernünftig verhandeln kann – in eine brauchbare Ausgangslage versetzen, z. B.: eine Stunde vorher noch in weiter Ferne vom Bett das Tempo langsam herunterfahren; Schlafzimmer lüften (das alles kann auch in einem 1-Zimmer-Apartment gelingen; bereitlegen, was man für morgen benötigt; Computer ausschalten; nochmal in der Zeitung blättern; Musik hören; sich ansatzweise langweilen; echte Müdigkeit und Bettschwere ehrlich prüfen; eventuell anfangen zu gähnen; nur wenn rechtschaffene (!) Müdigkeit keinen anderen Ausweg offen lässt und man unterwegs einzuschlafen droht, langsam ins Bad gehen, ganz langsam; Zahnpflege unbedingt; lauwarme Dusche nach gusto; alles loswerden, was drückt und zwickt; ins kühle Bett legen; nach rechts drehen; Augen zu; fromme Gedanken ...

Zweitens, Teil B (klare Regeln): es ist Zeit genug, auf dem Weg ins Badezimmer oder zum Bett umzudrehen und Dinge, die man vergessen hat, für morgen bereit zu legen; aufstehen, wenn es nicht gelingt einzuschlafen; aufstehen, wenn man nachts erwacht und nicht bald wieder einschlafen kann; aufstehen, wenn man morgens früh erwacht und nicht bald[16] wieder einschläft.

Drittens (Trost und Verlockung), wenn alles wieder zur Zufriedenheit funktioniert, darf man natürlich im Bett wieder Musik hören, Bücher lesen und – wenn man auch das gut verträgt – sogar Fernsehen und fast alles machen, was und wie man es will, aber erst wieder, wenn fast alles wie von alleine funktioniert.

Die häufigsten Widerstände und Denkfehler sind in Tabelle 3.1 aufgezählt und prompt widerlegt (▶ Tab. 3.1).

Tab. 3.1: Dialektik der schlafhygienischen Psychoedukation

Argument	Gegenargument
In meinem Alter muss ich mir das nicht mehr sagen lassen	doch, leider
Diese Binsenweisheiten helfen mir nicht	weil Sie es nicht konsequent versuchen
Das wusste ich alles schon, es hat mir nicht geholfen	weil es nicht konsequent angewandt wurde
Bei mir ist das sowieso anders	wie bei allen anderen auch
Das ist neurologisch	ja, auch, kein Zweifel, wenn Sie meinen

---

16 »bald« (engl. before anger leads to despair/despondence) bedeutet: ehe einen der Ärger in die Verzweiflung treibt und ist nicht in Minuten zu bemessen. Wecker, Armbanduhren und Handys etc. bleiben solange im und am Bett verboten, bis man wieder richtig schlafen kann.

3.1 Schlafhygiene: Guter Rat – Zeitgeber – Tag- und Nachtplan

Tab. 3.1: Dialektik der schlafhygienischen Psychoedukation – Fortsetzung

Argument	Gegenargument
Ich habe eine besondere, seltene Erkrankung	jeder Mensch ist besonders
Meine Tabletten helfen mir, das spüre ich	ja, kurz, und dann ...
Ich könnte jederzeit damit aufhören	da Sie es doch schon so oft versucht haben
usw.	usf.

Zeitgeber

Ist das Orchester der Biorhythmen erst chronisch aus dem Takt gekommen, muss man mit den ansonsten halbautomatisch ablaufenden Vorgängen im Organismus umgehen wie mit einem kleinen Kind, das die menschliche Sprache noch nicht versteht und sich daher nicht durch vernünftige Argumente überzeugen lässt: konsequent und liebevoll, liebevoll und konsequent! Man verhandelt nicht mit einem vernünftigen Menschen, sondern mit dem vegetativen Nervensystem und bemerkt dabei, wie weit entfernt von diesen urtümlichen Mechanismen die menschliche Großhirnrinde vor sich hin theoretisiert.

Das vegetative Nervensystem mit den Ausläufern Sympathikus und Parasympathicus ist mit guten Worten nicht direkt erreichbar, sondern reagiert autonom und schematisch auf die Bedingungen, denen es ausgesetzt wird. Diese Reaktionen wiederum sind einfach zu berechnen.

Licht, körperliche Anstrengung, soziale Kontakte und auch aufmerksame geistige Aktivität stimulieren den Sympathikus; Hunger, Durst, Essen, Müdigkeit regen den Vagus an, sich im Interesse des eigenen Innenlebens einzuschalten.

Physikalische Zeitgeber. In höheren Jahren helfen den etwas ausgeleierten Biorhythmen einfache, klare und starke Signale aus der unbelebten Umwelt, um den Takt zu halten. Temperatur, Licht- und Lautstärke sind einfache Zeichen, die unmittelbar auf den Organismus einwirken – sofern man nicht in einem dauerhaft lauwarmen, unterbelichteten und schallgedämpften Nest hocken bleibt. Am Tag ist es meist kühler, definitiv heller und etwas lauter als zuhause und der gesamte Körper kann sich diesen eindringlichen Informationen nicht entziehen. Abends wird es ruhiger und dunkler und zuhause meist etwas wärmer als draußen. Dieser Unterschied ist jedoch nur klar wahrzunehmen, wenn man am Tag mehrfach vor der Tür war.

Essentielle physikalische Voraussetzungen für einen guten Schlaf in unseren Breiten sind eine Temperatur von 16 bis 18 Grad Celsius; Luftfeuchtigkeit 40 bis 60 %; Lichtstärke im Schlafzimmer 1 Lux (zum Vergleich 50 Lux im Wohnzimmer, 50.000 Lux in der Sommersonne); Geräuschpegel 30 Dezibel (das ist 100 mal leiser als im Wohnzimmer und 1.000 mal leiser als am Straßenrand).

Soziale Zeitgeber. Der Beitrag von Postboten, Bäckereifachverkäuferinnen und Supermarktkassierern kann kaum hoch genug gelobt werden. Tagtägliche Regelmäßigkeit, ohne die Kontakte zu sehr zu strapazieren, ist wichtig. Noch wichtiger sind die Gedanken an die letzten und die nächsten Kontakte mit Bekannten und Verwandten, fast egal, ob diese persönlich oder telefonisch stattfinden werden. Sehr wichtig wäre ein Haustier, aber man muss es mögen.

Physiologische Zeitgeber, Körperhaltung. Seit der Mensch von den Bäumen geklettert ist, ermöglicht die aufrechte Haltung eine weite Sicht nach draußen, um in die richtige Richtung zu gehen oder zu laufen. Eine horizontale Lage bedeutet dagegen Ruhe und diese Position löst bei allen gut funktionierenden Artgenossen seit sehr vielen Generationen eine ganze Kaskade automatischer Umstellungen aus, die bei weitem das Pensum übersteigen, welches ein Verkehrspilot beim Abarbeiten seiner Checklisten bewältigt.

3.1 Schlafhygiene: Guter Rat – Zeitgeber – Tag- und Nachtplan

Das alles läuft eigentlich wie von selbst, es sei denn die Programmierung ist durch Schicksal, fremdes oder eigenes Verschulden gründlich durcheinander gekommen. Die Körperhaltung muss wieder ihre ursprüngliche Bedeutung zurückerlangen. Lässig liegen und windschief angelehnte Körperhaltungen sind am Tag so lange nicht erlaubt, bis der Schlaf wieder befriedigend hergestellt ist. *Bewegung muss sein*, wenngleich hier Kompromisse und Respekt erforderlich sind. Drei Ausflüge am Tag sind nicht zu wenig: morgens Einkaufen, nachmittags interessensgeleitete Spaziergänge (Garten, Schaufenster, Museum ...), nach dem Abendessen kurz nach draußen zur besseren Verdauung. Das Angenehme ist stets mit dem Nützlichen zu verbinden, um den Aktionen eine noch größere Notwendigkeit zu geben. Gerade ältere Menschen, die bisher alles haben schleifen lassen, verdienen Applaus, wenn sie ihre Leistung bei alltäglichen Verrichtungen erstmals im Leben steigern, das selbständige Einkaufen als ehrenwerte Aufgabe begreifen, die Auswahl frischer Lebensmittel zu schätzen lernen und sich schon im Vorfeld mit der nächsten Mahlzeit beschäftigen.

Ernährung. Waren die abendlichen Aufgaben in Küche und Wohnzimmer vordem zwischen den Geschlechtern klar definiert, so altert jetzt eine Generation mit unsicherer Prägung. Dies bietet gleichermaßen Chancen in Kooperation wie auch Selbständigkeit und zum Erwerb neuer Kompetenzen. Für Personen, die eher einer wissenschaftlich-technischen Herangehensweise an die Speisenzubereitung zugeneigt sind und ihr Interesse mittels eigener Recherchen vertiefen wollen, seien nur einige Substanzen empfohlen (in aufsteigender Reihenfolge eines günstigen inflammatorischen Index): Kaffee, Ingwer, Saffran, Knoblauch, Vitamin C, Tee, Kurkuma (Gelbwurz). »Energie«, Kohlenhydrate und Fett besitzen demgegenüber die schlechtesten Werte – aber niemand kann auf Energie und auch kaum auf Kohlenhydrate und Fett verzichten, ebenso wie sich keiner mit großen Mengen von Gelbwurz, dem optimalen anti-entzündlichen Nährstoff ernähren mag. Es versteht sich von selbst, dass auch Bier, Wein, Tee und Kaffee nur in bekömmlicher Menge

3 Vorbeugung und Behandlung

konsumiert werden dürfen, um gesund zu bleiben und schlafen zu können.[17] In dem Wissen, dass der inflammatorische Index bei Insomnikern besonders hoch ist, kann man versuchen, seine Speisen ebenso schmackhaft wie entzündungshemmend zuzubereiten.

Diätetik (altgr. diaitetike = Lehre von der Lebensweise) war eine umfassende Lehre vom rechten Leben. In seiner allereinfachsten Form bedeutet diese Lehre für einen alten Menschen, dass darauf zu achten ist, wann wieviel gegessen und getrunken wird. Ein möglichst stabiler Tagesrhythmus begünstigt eine zuverlässigere Melatonin-Sekretion, die wiederum positive Wirkungen auf die Verdauungssäfte, Darmbewegungen und Darmflora ausübt und damit Unpässlichkeit und Schmerzen verhindert. Eine Unterstützung mit Probiotika und Abführmitteln (Laxantien) kann erwogen werden. Aber ganz entscheidend ist die einfache und objektive Versorgung und Belastung des Organismus zur rechten Zeit und mit den passenden Mengen von Speisen und Getränken.

Hygiene. Vergegenwärtigt man sich die Lebensbedingungen in anderen Regionen und in anderen Epochen, so wird man das Badezimmers dankbar als jenen Raum begreifen, in dem wir morgens, mittags, abends und nachts unter ungefährlichen, bequemen Bedingungen unsere Gesundheit (altgr. Hygieia) pflegen und unser Leben verlängern können. Zu Unrecht wird bei der Aufzählung zivilisatorischer Errungenschaften die Kunst vor der Hygiene genannt, Franz Biberkopf vor Hans Schwarzkopf, der Sprücheklopfer Shakespeare vor seinem Kollegen John Harington[18], der nebenbei auch noch das WC erfand, Cicero vor Sergius Orata[19], dem Schöp-

---

17 Nur die Dosis macht das Gift; Theophrastus Bombast von Hohenheim, gen. Paracelsus (1494–1541).
18 John Harington (1561–1612), Patensohn von Elizabeth I., publizierte unter dem Pseudonym Misacmos.
19 Sergius Orata (ca. 100 v.C.), laut Plinius d.Ä. Unternehmer, Hydraulikingenieur, Fischzüchter, Erfinder unter anderem auch der Fußbodenheizung.

3.1 Schlafhygiene: Guter Rat – Zeitgeber – Tag- und Nachtplan

fer der Duschen (lat. pensiles balinae = hängende Bäder). Jeder Moment in diesem häuslichen Refugium, in dieser Vorkammer zum Himmelbett darf ausgekostet werden. Für die bevorstehende Nacht ist es hilfreich und wohltuend, diese Errungenschaften zu zelebrieren: fließend kaltes und sogar warmes Wasser, Zahnpasta, ein frisches Nachtgewand usw. Körperhygiene ist auch Schlafhygiene.

Tag- und Nachtplan

Daraus ergibt sich für den Zeitraum anhaltender Schlafstörungen konsequent der folgende Stundenplan, dem auch strikt zu folgen ist (▶ Tab. 3.2).

Tab. 3.2: Tages- (und Nacht-)Plan für einsichtige ältere Insomniker zur freiwilligen Teilnahme und Selbstkontrolle für die Dauer der Beschwerden[20]

Zeit	Plan
00:00	zu Bett, aber nur bei der geeigneten Bettschwere
01:00	schlafen oder aufstehen, wenn man nicht schlafen kann
02:00	schlafen oder aufstehen, wenn man nicht schlafen kann
03:00	schlafen oder aufstehen, wenn man nicht schlafen kann
04:00	schlafen oder aufstehen, wenn man nicht schlafen kann
05:00	schlafen oder aufstehen, eher aufstehen
06:00	schlafen, wenn man noch schläft, oder besser aufstehen

---

20 Der Autor bittet für die simple Art seiner Ausführungen um Verständnis, da diese Schlichtheit dringend angebracht sei, um Missverständnisse zu vermeiden: Es genüge nicht, solches prinzipiell zu befürworten, man muss es tatsächlich, faktisch, echt, einfach selber Tag für Tag und Nacht für Nacht tun!

3 Vorbeugung und Behandlung

Tab. 3.2: Tages- (und Nacht-)Plan für einsichtige ältere Insomniker zur freiwilligen Teilnahme und Selbstkontrolle für die Dauer der Beschwerden – Fortsetzung

Zeit	Plan
07:00	unbedingt aufstehen, auch wenn man nachts nicht/schlecht geschlafen hat
08:00	geduscht und frisch gekleidet kurz vor die Tür, Luft, Nachrichten, Frühstück
09:00	Spaziergang, Einkäufe, Gespräche, gerne auch kurz
10:00	Tee/Kaffee unterwegs oder nach Rückkehr nachhause
11:00	Zeitung lesen, Mittagessen vorbereiten
12:00	Mittagessen, Abspülen
13:00	keine Mittagsruhe, Spaziergang (möglichst immer ein wenig weiter)[21]
14:00	längerer Spaziergang, gerne auch mit kurzem Zwischenhalt
15:00	Tee/Kaffee, (Diabetiker-)Kuchen
16:00	Erledigen, was man schon immer machen sollte
17:00	eventuell immer noch erledigen, was man immer schon machen wollte
18:00	Abendessen vorbereiten
19:00	Abendessen
20:00	Abendnachrichten
21:00	Kultur, eventuell ein unterhaltsames Fernsehspiel oder dergleichen, frische Luft
22:00	Beruhigungstee (nicht zu viel), Milch mit Honig (wenn man es verträgt; Vor-Vorstufe von Melatonin)
23:00	betont langsame und langweilige Vorbereitung auf die Nacht und den nächsten Tag, Hygiene

---

21 Gewinnt mit Hund enorm an Freude und Bedeutung.

3.2 Behandlungshinweise zu speziellen Schlafstörungen im höheren Alter – kurz und bündig

Habituelle senile Schlafphasenvorverlagerung

»Psychoedukation«, Aufklärung kann helfen, nochmalige Aufklärung kann noch eindringlicher wirken, eventuell sogar Kontrolle durch abendliche Anrufe. Falls das Führen eines Tage- und Nachbuchs nicht gelingt, kann die Bewegungsaufzeichnung (Aktigraphie) Entschlüsse stärken und wankelmütige Charaktere festigen. Wesentliche Elemente der kontrollierten Chronotherapie sind Bewegung sowie helles Licht bis 10.000 Lux am Tag und am frühen Abend.

Insomnie

Das ideale Schlafmittel führt rasch, spürbar, zuverlässig und anhaltend in den Schlaf, und zwar ohne Dosissteigerung (Toleranzentwicklung), Entzugserscheinungen (Rebound), Sucht, Tagesmüdigkeit (Hangover), spannende Neben-, Wechsel- oder Giftwirkungen und ist noch nicht erfunden.

Was nun folgt, ist keine ausführliche sachliche Auskunft, sondern eine Warnung. Die meisten der heute breit verfügbaren und häufig gebrauchten »Schlaf- und Beruhigungsmittel« sind sehr wirksam und noch weit nebenwirksamer. Sie bewirken tatsächlich, dass man bald nach Einnahme einer geeigneten Dosis nicht mehr wach ist, aber *richtiger* Schlaf wird damit *nicht* hergestellt. Auch die vorsichtige Anwendung geeigneter Antipsychotika und beruhigender Antidepressiva ist mit Risiken verbunden, auf die man achten muss. Immerhin machen sie nicht abhängig. Neuere Entwicklungen wie Melatoninabkömmlinge und Orexin-Antagonisten müssen sich erst bewähren.

3 Vorbeugung und Behandlung

Im Laufe des Lebens ändern sich die Wirkungen und Nebenwirkungen von Medikamenten. Vereinfacht gesagt werden viele Substanzen nur langsamer aufgenommen, verstoffwechselt und ausgeschieden (Pharmakokinetik), während die Wirkung gesteigert sein kann (Pharmakodynamik).

Benzodiazepine sind beruhigend (sedierend), hypnotisch (schlaffördernd), muskelentspannend (relaxierend), antikonvulsiv (schützen vor epileptischen Anfällen) und stören die Gedächtnisbildung (amnestisch). Dies bedeutet in anderen Worten, sie machen trübe (wie betrunken), schläfrig (auch am Steuer), erhöhen nachweislich die Sturzgefahr (inklusive Schenkelhalsfraktur), unterdrücken die Hirnaktivität und eignen sich als k.o.-Tropfen. Außerdem unterdrücken sie die Wirkung des natürlichen Schlafmittels Melatonin.

Die zuverlässige Wirkung dieser Substanzen ist vollkommen unbestritten. Die Tücke beginnt mit der wohltuend wahrnehmbaren Wucht der Wirkung, wobei der ältere Herr eher die wonnigen Wirkungen von Wein und Weißbier würdigt, während die Dame Trockenalkohol in Tablettenform bevorzugt. Wer Benzodiazepine einnimmt, spürt den Erfolg sehr bald und sehr zuverlässig. Diese subjektive Belohnung wirkt bei Menschen und Mäusen, wird lerntheoretisch als »Verstärkung« bezeichnet und ist ein wesentlicher Grund für die erhebliche Suchtgefahr, der Maus, Mann und vor allem Frau ausgesetzt sind. Ein weiterer Grund ist eben die sogenannte »Toleranzentwicklung«: um die gleiche Wirkung zu erzielen, wird nach wenigen Tagen oder Nächten eine höhere Dosis gebraucht. Während durch eine beharrliche Dosissteigerung damit eventuell noch eine befriedigende Wirkung erreicht werden kann, nehmen die Nebenwirkungen zu. Am Ende genügen deutlich gesteigerte Mengen gerade, um extremes Missbehagen zu dämpfen (»negative Verstärkung«) und dieser heimtückische Lernmechanismus ist noch wirksamer und kann Patienten in die Abhängigkeit zwingen. Gerade bei älteren, gebildeten und gereiften Persönlichkeiten ist es immer wieder erstaunlich, zu welchen Deformationen diese Sucht führt, mit allen Selbsttäuschungs-, Verleugnungs- und

3.2 Behandlungshinweise zu speziellen Schlafstörungen im höheren Alter

Betrugsmanövern, die ansonsten nur der Junkie kennt. Suchtpatienten aller Altersstufen sind gleichermaßen enttäuscht von Präparaten, die brauchbaren Schlaf noch zuverlässiger herbeiführen, aber den gewohnten Kick vermissen lassen, da sie ihre Wirkung mit sanfter Verzögerung entfalten.

Für die kurze, akute Behandlung verängstigter und verwirrter Menschen in Not sind Benzodiazepine ein wahrer Segen. Sie wirken prompt. Der Keim zur Sucht wird häufig in Kliniken gesät, wo fast alle Patienten vor und nach einer Operation sicherheitshalber Schlafmittel erhalten. Damit wird auch kurzfristig die etwas höhere Zahl von Infektionen durch beeinträchtigte Schutzreflexe in Kauf genommen.

Ein häufig gebrauchtes Argument lautet, es gebe viele ältere Menschen, die über Jahre, sogar Jahrzehnte, die Dosis nicht gesteigert hätten. Allerdings ist die Buchführung hier nicht immer ganz korrekt und es wird gelegentlich unterschlagen, wie viele andere Medikamente nebenher probiert wurden; ob ein angeregter Abend ohne ausreichend zusätzlichen Alkohol noch gelingt; wie häufig wegen eines zertrümmerten Außenspiegels vorsichtshalber oder versehentlich Fahrerflucht begangen wurde; wie es zu der Schenkelhalsfraktur kam; was passierte, als im Urlaub die Tabletten ausgingen; und wie viele Reduktions- und Absetzversuche bereits erfolglos verliefen. Aber es ist durchaus einzuräumen, dass es auch den langfristigen Benzodiazepin-Gebrauch in niedriger Dosis gibt. Nun jedoch ist die Patientin Jahrzehnte älter und dement. Niemand kann im Einzelfall behaupten, ohne Schlafmittel wäre das nicht passiert. Aber es ist offensichtlich, dass die Hirnfunktion in diesem Zustand am Tag und in der Nacht noch stärker beeinträchtigt wird. Benzodiazepine sind immerhin hochwirksam in der Behandlung aggressiver Delirien bei älteren Patienten im Benzodiazepin- oder Alkoholentzugsdelir. Von sehr wenigen Ausnahmen abgesehen lohnt es sich immer, einen Entzug und eine Entwöhnung zu versuchen, auch wenn diese Bemühungen selten von Erfolg gekrönt werden.

3 Vorbeugung und Behandlung

Die **Z-Substanzen** (z. B. Zolpidem) zeigen eine andere chemische Struktur als die Benzodiazepine, ähneln ihnen jedoch hinsichtlich ihrer Wirkungen und Nebenwirkungen. Vor allem in den USA wurden aufsehenerregende Geschehnisse unter dem Einfluss von Z-Substanzen beschrieben: Notfallaufnahmen, Unfälle, Delirien, Suizide und Gewaltverbrechen und sonstiges Zolpidem-induziertes »Zombie-Verhalten« wie Nachtwandeln, Essen und Fahren im Schlaf. Vor einer gemeinsamen Einnahme mit selektiven Serotonin-Wiederaufnahmehemmern (SSRI) wird gewarnt, da es zu erheblichen Nebenwirkungen kommen kann.

Quetiapin ist ein sogenanntes atypisches Antipsychotikum mit sedierender Nebenwirkung, die man sich in allerniedrigster Dosis zunutze machen kann. Nachteil: Blutdrucksenkung, EKG-Veränderungen und Sturzgefahr, vor allem bei zu raschem Aufstehen.

Mirtazapin ist ein noradrenerg und spezifisch serotonerg wirkendes Antidepressivum (NaSSA) mit beruhigender und schmerzlindernder Wirkung, das in niedriger Dosis den Schlaf recht zuverlässig fördert, obwohl es dafür nicht zugelassen ist (off-label). Nachteil: Mirtazapin begünstigt das Auftreten von Restless Legs!

Orexin-Rezeptor- Antagonisten sind Gegenspieler des Wachmach- und Hungerhormons Orexin. Derartige Substanzen wurden in den USA zugelassen, wo man derzeit Erfahrungen zu Wirkungen und Nebenwirkungen (Tagesmüdigkeit, Fahren im Schlaf, ...) sammelt.

Melatonin und verwandte Substanzen sind möglicherweise auch längerfristig weitgehend schadlos anzuwenden, sofern Gegenanzeigen (Kontraindikationen) beachtet (z. B. Allergie und Lichtempfindlichkeit) und etwaige Nebenwirkungen kontrolliert werden. Derzeit sind mehr als zehn Präparate auf dem deutschen Markt, die zwischen 0,5 und 1,8 mg Melatonin enthalten und die Darreichungsformen Tabletten, Kapseln, Tropfen, Spray, Trinkflaschen und Weichgummi (!) umfassen.

3.2 Behandlungshinweise zu speziellen Schlafstörungen im höheren Alter

Coffein. Nicht wenige Menschen reagieren aus kulturellen und genetischen Gründen sehr positiv auf Kaffee und vertragen ihn auch noch am Nachmittag und manchmal spät in der Nacht. Kaffee zur rechten Zeit kann das Sundowning, die nachlassende Leistungsfähigkeit und leichte Verwirrtheit bei manchen dementen Patienten, verhindern und bei einigen wenigen sogar den Nachtschlaf verbessern.

Schmerzmittel (Analgetika). Nächtliche Schmerzen nicht mit Schlaf-, sondern geeigneten Schmerzmitteln behandeln.

Tab. 3.3: Medikamentengruppen, die den Schlaf bei richtigem Gebrauch günstig beeinflussen und bei falschem Gebrauch zu einer Verschärfung der Probleme bei älteren Patienten beitragen können

Gruppe	Wirkungen und Nebenwirkungen
Benzodiazepine und Z-Substanzen	
kurz wirksame Benzodiazepine	allenfalls kurzfristiger Einsatz bei Insomnie oder längerfristig in der niedrigst möglichen Dosis bei REM-Schlafstörung; Beeinträchtigung der nächtlichen Hirnaktivität, hohes Abhängigkeitspotenzial; keine Einnahme bei Schlafapnoe und Myasthenie!
Z-Substanzen	kurzfristig für Einschlafstörungen eingesetzt; Abhängigkeitspotenzial, Sturzgefahr, nächtliche Verhaltensstörungen; keine Einnahme bei Schlafapnoe und Myasthenie!
Antipsychotika	
Altsubstanzen	keine systematischen Untersuchungen über die Wirkungen und Nebenwirkungen; werden häufig eingesetzt; kein Abhängigkeitspotenzial, Sterberisiko bei älteren Patienten mit Demenz erhöht
atypische Neuroleptika	als sedierende Substanzen in der niedrigst notwendigen Dosis zur Behandlung von Insomnien; Gefahr von Blutdrucksenkung und Stürzen, erhöhtes Sterberisiko
Antidepressiva	
Trizyklika	bei jüngeren Patienten mit Insomnie in niedriger Dosis erfolgreich; bei älteren hochgradig verwirrend (deliriogen)

3 Vorbeugung und Behandlung

Tab. 3.3: Medikamentengruppen, die den Schlaf bei richtigem Gebrauch günstig beeinflussen und bei falschem Gebrauch zu einer Verschärfung der Probleme bei älteren Patienten beitragen können – Fortsetzung

Gruppe	Wirkungen und Nebenwirkungen
	aufgrund der anticholinergen Wirkung, keine Abhängigkeitsgefahr; vermindern REM-Schlaf
SSRI	teilweise stimulierend und als direkt schlaffördernde Mittel ungeeignet; kein Abhängigkeitspotenzial; vermindern REM-Schlaf
NaSSA	in sehr niedriger Dosis schlafanstoßend; kein Abhängigkeitspotenzial, kann Restless Legs-Symptomatik auslösen
Orexin-Antagonisten	
	besitzen möglicherweise Vorteile für Senioren und werden derzeit in den USA erprobt
Antihistaminika	
	Obsolet
Melatonin & verwandte Substanzen	
	im kurzfristigen Einsatz verträglich, zugelassen für die Behandlung von Patienten über 55, keine Toleranzentwicklung, geringe Gefahr der körperlichen Abhängigkeit; auf körperliche Nebenwirkungen ist zu achten (Leberfunktion)
Phytopharmaka (pflanzliche Arzneimittel)	
	bisher kein wissenschaftlich rigoroser Wirksamkeitsnachweis, gute Placebo-Wirkung; geringe Gefahr einer psychischen Abhängigkeit
Homöopathie	
	bisher kein wissenschaftlich rigoroser Wirksamkeitsnachweis

NaSSA = noradrenerg und spezifisch serotonerg wirkendes Antidepressivum; SSRI = Selektive Serotonin-Reuptake-Inhibitoren (Selektive Serotonin-Wiederaufnahmehemmer)

3.2 Behandlungshinweise zu speziellen Schlafstörungen im höheren Alter

Keine wissenschaftlich robusten Hinweise gibt es für die Wirksamkeit von Achtsamkeits-basiertem Stressreduktionsprogramm, Akupressur, Aromatherapie, Fußreflexzonenmassage, Massagen, Meditation[22], Moxibustion, Ohrakupunktur, Sauerkirschensaft, Yoga usw. (Samara et al., 2020). Dies ist auch gar nicht zu erwarten, da diese Verfahren prinzipiell nicht solide zu untersuchen sind; nicht jeder ist bereit, sich mit Kräutern den Rücken versengen zu lassen und diese Interventionen sind im Kontext wissenschaftlicher Studien auch nicht zu verblinden: Patient und Behandler wissen immer, was geschieht. Gleichzeitig kann kein vernünftiger Zweifel bestehen, dass persönliche Zuwendung, Berührung, Entspannung und Eintauchen in eine besondere Atmosphäre bei denjenigen, die sich das wünschen, zu enormen und heilsamen Effekten führen kann. Es bleiben die Fragen nach Finanzierung und Nachhaltigkeit.

> **Praxistipp:**
> Wechseln Sie Arzt oder Ärztin, wenn er/sie Ihnen nach vier Wochen immer noch Schlaf- und Beruhigungsmittel verschreibt, ohne sich genau nach Ihren Beschwerden zu erkundigen und genau zu fragen und zu erläutern, weshalb er/sie das tut.

Hypersomnie, Narkolepsie

Die spezielle Schlafhygiene bei der Narkolepsie mit geplanten Kurzschlafphasen (»naps«) während des Tages behält im höheren Alter ihren Stellenwert. Dagegen ist bei der »stimulierenden« medikamentösen Behandlung wegen somatischer Begleiterkrankungen wie Bluthochdruck besondere Vorsicht geboten. Auch Antidepressiva zur Reduktion der REM-Phasen müssen zurückhaltend eingesetzt werden.

---

22 Tenzin Gyatso (geb. 1935; 14. Dalai Lama) sagt leichthin »Schlaf ist die beste Meditation«, aber das hilft an dieser Stelle überhaupt nicht.

3 Vorbeugung und Behandlung

Schlafapnoe

Grundsätzlich gilt: keine Schlafmittel, kein Alkohol, keine Opiathaltigen Schmerzmittel, die für eine noch größere Entspannung im Bereich der oberen Atemwege sorgen und damit zu einer noch deutlicheren Obstruktion!

Jede obstruktive Schlafapnoe, die subjektive Beschwerden verursacht und/oder von kardiovaskulären Erkrankungen und kognitiven Störungen begleitet ist, stellt einen hinreichenden Behandlungsanlass dar. Bei starkem Schnarchen und Übergewicht muss zunächst eine Gewichtsreduktion empfohlen werden. Tritt das Schnarchen nur in Rückenlage auf, so lässt sich mit einfachen Vorkehrungen (»Rucksack«) bewirken, dass die Betroffenen bevorzugt auf der Seite liegen. Falls ausreichend Zähne vorhanden sind, kann eine Aufbissschiene (Unterkiefer-Protrusions-Schiene) das Zurückfallen des Unterkiefers verhindern. Für die meisten Patienten mit ausgeprägter Schlafapnoe bietet sich eine sanfte nächtliche Beatmung über Nase, Mund, oder Nase und Mund an. Diese sogenannte CPAP-Atemmaske (continuous positive airways pressure), bei der durch einen ganz leicht erhöhten Beatmungsdruck das Zurückrutschen und Verschließen des Schlundes (= die Obstruktion) bei Einatmung verhindert wird, führt innerhalb weniger Tage und Nächte nicht nur zu einer nächtlichen Erholung und neu gewonnenen Frische und Leistungsfähigkeit am Tag, sondern auch zu einer mittelfristigen Besserung von Übergewicht, Bluthochdruck und Diabetes mellitus (falls vorhanden).

Ergänzende Maßnahmen: Stimmübungen, Singen, ein Blasinstrument erlernen, Didgeridoo spielen. Für den kreativen Vorschlag, das Alphorn der australischen Aborigines einzusetzen, wurde sogar der alternative Nobelpreis vergeben.

Falls die genannten Schritte zu keiner wesentlichen Besserung führen, kann über bestimmte Elektrostimulationsverfahren oder Hals-Nasen-Ohren-ärztliche chirurgische Eingriffe nachgedacht werden.

3.2 Behandlungshinweise zu speziellen Schlafstörungen im höheren Alter

Besondere Vorsicht ist für Patienten mit einer Schlafapnoe bei einem chirurgischen Eingriff vor allen nach einer Vollnarkose geboten. In der Aufwachphase und in den folgenden Tagen können Narkose, Sedierung und Schmerzmedikation den Atemantrieb gefährlich vermindern. Die beteiligten Ärzte müssen unbedingt vorab informiert werden.

> **Praxistipp:**
> Es hilft tatsächlich, ganz kurzfristig vor dem Einschlafen ein dunkles Weißbier in den adipösen Kurzhals zu kippen. Für den nächtlichen Gasaustausch ist die Maßnahme jedoch fatal.

Restless Legs Syndrom (RLS)

Eisenmangel ausgleichen, Nierenerkrankungen ausschließen. Eisen ist an der Herstellung des Botenstoffes Dopamin im Hirnstamm (Substantia nigra) beteiligt.

Dopaminmangel kompensieren. Dopamin sorgt nicht nur für flüssiges Denken und Bewegen am Tage, sondern für eine Entkoppelung und Ruhigstellung der Bewegung im Schlaf.

Versuche, eine mangelnde Dopaminwirkung direkt durch Medikamente zu kompensieren, sind erfolgreich, können aber zu Nebenwirkungen führen. Daher werden derzeit auch andere Strategien untersucht. Achtung auf Medikamente, die selbst Restless Legs hervorrufen können.

REM-Schlafverhaltensstörung

Dies ist eine der ganz wenigen Ausnahmesituationen, in denen Benzodiazepine (Clonazepam) vorsichtig zur gezielten Unterdrückung des REM-Schlafs verwendet werden können. Mit manchen SSRI und Melatonin kann möglicherweise ein ähnlich guter Effekt erzielt werden. Die Umgebung muss für die Patienten selbst und ihre Angehörigen geschützt werden (gegebenenfalls getrennte Betten, Matratze vor dem Bett im Falle eines Sturzes).

3.3 Behandlung bei besonderen Grund- und Begleiterkrankungen

... nur mit dem Allgemein- oder Facharzt.

Wegen der für diese Buchreihe vorgesehenen Umfangsbeschränkung wird der Text abrupt mit einem hoffnungsvollen Zitat beendet:

Gut, dass es noch Bücher gibt,
aber sie machen mich müde.
Frank Zappa (1940-1993)

Glossar

Autochronohypnose:	meist vergeblicher Versuch, durch Starren auf das Zifferblatt eines Weckers in den Schlaf zu sinken (eher bleibt der Wecker stehen).
BMI:	Body-Mass-Index (Formel: Gewicht in kg/Körpergröße in m^2)
Clinophilie:	krankhafte Liebe zum Bett mit langer Verweildauer; bei älteren Menschen weit verbreitet
DD:	Differentialdiagnose, die Unterscheidung von anderen Störungen und Krankheiten
EEG:	Elektroenzephalographie, Hirnstromkurve
EKG:	Elektrokardiogramm
N.:	Nukleus, Kern, Gruppe von Nervenzellen meist mit bestimmten Botenstoffen und einer bestimmten Funktion
N1:	Einschlafphase im EEG
N2:	leichter Schlaf
N3:	Tiefschlaf
Nykthemeron:	von altgr. nyx = Nacht und hemera = Tag; Nacht-Tag-Dauer, 24-Stunden-Zyklus.
Nyktophobie, senile:	die Angst vor der Nacht und dem nicht gelingenden Schlaf, vor allem bei älteren Frauen weit verbreitet
OSA:	obstruktive Schlafapnoe, nächtliche Atemstörung

Glossar

Parasomnie: dabei handelt es sich nicht um ein zu viel oder zu wenig an Schlaf (Insomnie, Hyposomnie, Hypersomnie = Dyssomnien), sondern um »qualitativ« andere Vorgänge, die vor allem beim Wechsel von Schlafstadien auftreten und mit vegetativen Störungen und nächtlichen Verhaltensauffälligkeiten verbunden sind
PLMS: Periodic Leg Movements during Sleep (periodische Beinbewegungen im Schlaf)
REM: Rapid Eye Movement, schnellen Augenbewegungen im Schlaf
REM-Schlaf: Schlafstadium mit schnellen Augenbewegungen bei geschlossenen Lidern
RLS: Restless Legs Syndrom, Problem der unruhigen Beine
Schlaf: von schlaff, schlapp
Schlafzyklus: Abfolge von Tiefschlaf-Phase (NREM-Schlaf) und REM-Phase, Gesamtdauer etwa 60–90 min
Social Jetlag: die Diskrepanz zwischen innerer Uhr und den sozialen, beruflichen Verpflichtungen
SSRI: selektive Serotonin Reuptake Inhibitoren (Wiederaufnahmehemmer), Antidepressiva
VLPO: ventrolaterales präoptisches Areal
Zombismus, Z-Zombismus: Vollführen bemerkenswerter Akte unter dem Einfluss von Z-Substanzen und anderen Schlafmitteln (Schlafessen, Schlaffahren und viel mehr)

Literatur

Allen R et al. (2014) Relation of the international restless legs syndrome study group rating scale with the CGI, RLS-6-Q, and the RLS-QoL-Q. Sleep Med 14: 1375–1380.

Bassetti CLA (2021) Sleep and Neurology, Stroke. Sleep Medicine Textbook, 2nd edition. European Sleep Research Society. 905–914, 959–969.

Bjorvatn B et al. (2010) Prevalence of different parasomnias in the general population. Sleep Med 11: 1031–1040; etc.

Borbely AA et al. (1999) Sleep homeostasis and models of sleep regulation. J Biol Rhythms 14: 557–568.

Boulos MI et al. (2019) Normal polysomnography parameters in healthy adults: a systematic review and meta-analysis. Lancet Resp Med 7: 533–543.

Buth S et al. (2019) Problematic medication with benzodiazepines, »Z-drugs«, and opioid analgesics. Deutsches Ärzteblatt Int 116: 607–614.

Buysse DJ et al. (1989) The Pittsburgh Sleep Quality Index: a new instrument for psychiatric practice and research. Psychiatry Res 28: 193–213.

Buysse DJ et al. (2011) Efficacy of brief behavioral treatment for chronic insomnia in older adults. Arch Int Med 171: 887–895.

Cornu JN et al. (2012) A contemporary assessment of nocturia: definition, epidemiology, pathophysiology and management. Eur Urol 62: 877–990.

Dieck A et al. (2018) A German version of the Insomnia Severity Index. Somnologie 22: 27–35.

Förstl H (2021) Alzheimer und Demenz. C.H.Beck Wissen, München.

Garefelt J et al. (2021) How does cessation of work affect sleep? Prospective analyses of sleep duration, timing and efficiency from the Swedish retirement study. J Sleep Res doi: 10.1111/jsr.13157

Kocevska D et al. (2021) Sleep characteristics across the lifespan in 1.1 million people from the Netherlands, United Kingdom and United States: a systematic review and meta-analysis. Nature Hum Behav 5: 113–122.

Morin CM et al. (2007) Dysfunctional beliefs and a attitudes about sleep (DBAS): validation of a brief version (DBAS-16). Sleep 30: 1547–1554.

Netzer NC et al. (1999) Using the Berlin Questionnaire to identify patients at risk for the sleep apnea syndrome. Ann Int Med 131: 485–491.

Perlis ML et al. (2016) Suicide and sleep: is it a bad thing to be awake when reason sleeps? Sleep Med Rev 29: 101–107

Literatur

Pollmächer T et al. (2018). Schlafstörungen und psychische Erkrankungen. Kohlhammer, Stuttgart.

Rechtschaffen, A., Kales, A. (1968). A Manual of Standardized Terminology, Techniques and Scoring System for Sleep Stages of Human Subjects. Los Angeles: UCLA Brain Information Service.

Robbins R et al. (2019) Sleep myths. Sleep Health 5: 409–417.

Romano CD et al. (2019) Development of the nocturia sleep quality scale: a patient reported outcome measure of sleep impact related to nocturia. Sleep Med 59: 101–106.

Samara M et al. (2020) Efficacy, acceptability, and tolerability of all available treatments for insomnia in the elderly: a systematic and network analysis. Acta Psychiat Scand doi: 10.1111/acps.13201

Schredl M et al. (2014) The Mannheim Dream Questionnaire (MADRE). Int J Dream Res 7: 141–147.

Schweitzer PK (2018) Drugs that disturb sleep and wakefulness. In: Principles & Practice of Sleep Med, 6. Aufl. (Hrsg. Kryger MH, Roth Th, Dement WC), Elsevier, Ss. 542–560.

Schwerthöffer D et al. (2020) Dilemmasituation: nächtlicher Unruhezustand bei älteren Patienten. DMW 145: 634–638.

Schwerthöffer D et al. (2021) Sleep disorders in the elderly. Sleep Medicine Textbook, 2nd edition. European Sleep Research Society. 1013–1020.

Theorell-Haglöw J et al. (2018) Gender differences in obstructive sleep apnea, insomnia, and restless legs syndrome in adults – what do we know? Sleep Med Rev 38: 28–38.

Valko (2008) Fatigue Severity Scale. Sleep 31:1601–1607.

Wahl HW et al. (2021) Das lange Leben leben – aber wie? Interdisziplinäre Blicke auf Altern heute und morgen. Kohlhammer, Stuttgart.

Wittmann M et al. (2006) Social jetlag: misalignment of biological and social time. Chronobiol Internat 23: 497–509.

Zacarias-Pons L et al. (2021) Multimorbidity patterns and their related characteristics in European older adults: a longitudinal perspective. Arch Gerontol Geriatr doi: 10.1016/j.archger.2021.104428

Stichwortverzeichnis

A
acedia 13
Adenosin 33, 52
Adipositas 61
Akinese 92
Aktigraphie 21
Akupressur 121
Albträume 71
Alternierende Beinmuskelaktivierung 69
Alzheimer Krankheit 92
Ammenschlaf 10
Analgetika 119
Anticholinergen 86
Apnoe-Hypopnoe-Index 64
Aromatherapie 121
Atypische Depression 57
Aufbissschiene 122
Augen 91
Azetylcholin 31

B
Bedarfshochdruck 78
Benzodiazepine 116
Bluthochdruck (Hypertonus) 77
Body-Mass-Index (BMI) 61
busy old bladder 86

C
Chronisch obstruktive Atemwegserkrankung (COAD) 80
Chronisches Erschöpfungssyndrom 57
Chronotypen 14

circadian 28
Cluster-Kopfschmerz 90
Coffein 119
CPAP-Atemmaske 122

D
Delir 98
Demenz 92
Depression 51, 96
Diabetes mellitus 82
Didgeridoo 122
Dipping 78
Dopaminagonisten 92

E
Einsamkeit 55
Einschlafzuckungen 70
Elektroenzephalographie 21, 23
Epileptische Anfälle 74
Ernährung 82

F
Fahrerflucht 117
Fettleber 81
Formatio reticularis 31
Frakturen 87
Fußreflexzonenmassage 121

G
Gebrechlichkeit 103
Gedächtnis 37
Gehörschäden 91
Geriatrischer Patient 76
Glaukom 91

Stichwortverzeichnis

Glymphatisches System 40

H
Habituelle senile Schlafphasenvorverlagerung (idiopathic senile advanced sleep phase disorder) 45, 115
Hangover 115
Harndrang 84
Haustier 17
Hebb'sche Regel 39
Herzerkrankungen 79
Herzinsuffizienz 79
Herzratenvariabilität 79
Hitzewallungen 83
Hypersomnie 56, 121
Hyperthyreose 83
Hypnagoger Fußtremor 69
Hypopnoe 59

I
Immunreaktion 41
Insomnie 105
Isolierte Schlaflähmung 70

J
Jet-Lag 47

K
k.o.-Tropfen 116
Kataplexie 58
Katathrenie 74
Kerngebiete des Hirnstamms 30
Klinische Chemie 21
Kopfschmerzen 89
Kreationismus 31
Krebs 88

L
leaky gut 42
Leber 81
Lunge 80
Lungenembolie 16

M
Magen 80
Massage 121
Meditation 121
Melatonin 29, 33, 52, 91, 116, 118
Menopause 83
Metabolisches Syndrom 82
Migräne 59
Mikrobiom 42, 54, 81
Mikrobiom-Hirn-Achse 42
Mirtazapin 118
Mittagsschlaf 16, 46
Moxibustion 121
Multimorbidität 76
Multipler Schlaftest 21
Myasthenia gravis 89
Myopathien 89
Mythos 14

N
N. basalis Meynert 31
Naps 121
Narkolepsie 58, 121
Negative Verstärkung 116
Nervenwachstumsfaktor 91
Neuromuskuläre Erkrankungen 89
Neuropsychologische Leistungstests 21
Neurotische Beschwerden 21
Neurotransmittersysteme 32
Niereninsuffizienz 84
Non-REM-Parasomnien 74
Nukleus suprachiasmaticus 29
Nykturie 84

Stichwortverzeichnis

O

Obstruktive Schlafapnoe 59
Ödeme 86
Ohrakupunktur 121
Opiate 61
Opioide 52
Orexin 31, 58, 92
Orexin-Rezeptor-Antagonisten 118
Osteoporose 87
Overlap-Syndrom 79

P

Paradoxe Insomnie 54
Parasomnien 70
Parasympathikus 34
Parkinson-Krankheit 81, 92
Pavor nocturnus (nächtlicher Angstanfall, night-terror) 74
Periodische Bein- oder Armbewegungen 66
Pittsburgh Sleep Quality Index, PSQI 11
Polyneuropathie 65, 82
Polysomnographie 21
Posttraumatische Stresserkrankung (PTSD) 75
Präfrontalkortex 24
Propriospinaler Myoklonus 70
Prostata 86
Pseudoinsomnie 54
Psychophysiologische Insomnie 56

Q

Quetiapin 118

R

Refluxösophagitis 80
Reizdarm 81
reminiscence bump 17

REM-Schlafverhaltensstörung (REM-sleep-behavior disorder) 70, 123
Renteneintritt 13
Residualsyndrom 57
Riechstörungen 91
Riesenzellarteriitis 90
Rigor 92
Rucksack 122
Ruhelose Beine 64

S

24-Stunden-Rhythmus 27
Sarkopenie 88
Sauerkirschensaft 121
Schenck-Syndrom 71
Schilddrüse 83
Schlaf- und Beruhigungsmittel 115
Schlafapnoe 59, 122
Schlafapnoe-Kopfschmerz 89
Schlafentzug 96
Schlafessen (night eating disorder) 72
Schlaffahren (night driving, sleep driving) 72
Schlaf-gebundener Kopfschmerz 89
Schlafhypochondrie 54
Schlafmittel 52
Schlafstadien 22
Schlaf-Wach-Regulation 28
Schlafwandeln (Somnambulismus) 72
Schmerzempfinden 52
Senile Nyktophobie 75
Senile Schrumpfblasen 86
Sigmund Freud 19
Social jetlag 13
Somniloquie 74
Struma 83
Stürze 87
Sucht 96

Stichwortverzeichnis

Suizidalität 97
Sundowning 93
Sympathicus 33

T
Tag-Nacht-Umkehr 94
Toleranzentwicklung 115
Traumdeutung 19
Trockenalkohol 116

U
Unfälle 97
Uvula 64

V
Verstärkung 116
Verwirrtes Erwachen (confusional arousal) 75
Vigilanz 21

W
Wachbleibetest 21
Weckreaktion 34
Willis-Ekbom-Krankheit 64

Y
Yoga 121

Z
Zähneknirschen (Bruxismus) 72, 90
Zäpfchen 64
Zentrale Schlafapnoe 61
Zirbeldrüse (Epiphyse) 29
Zolpidem 118
Zombie 118
Z-Substanzen 118